陶百川全集㈦

走向天堂也向地獄

三民書局印行

國立中央圖書館出版品預行編目資料

走向天堂也向地獄/陶百川著.--初版
.--臺北市：三民，民81
面；　公分.--(陶百川全集；17)
ISBN 957-14-1867-6（精裝）

1.中國-政治與政府-論文，講詞等

573.07　　　81001293

 走向天堂也向地獄

著　者　陶百川
發行人　劉振强
出版者　三民書局股份有限公司
印刷所　三民書局股份有限公司
地址／臺北市重慶南路一段六十一號
郵撥／〇〇〇九九九八－五號
初　版　中華民國八十一年四月
編　號　S 57070
行政院新聞局登記證局版臺業字第〇二〇〇號

ISBN 957-14-1867-6（精裝）

本書編讀指引

一、本書經就原版删節而成，但同時也增加了一些新作。删去各文分載在其他有關各册，可請參閱。

二、本書出版於整整四年之前，那時我已經感到我們是在走向天堂，但也在走向地獄，所以大聲疾呼，以期化凶爲吉。幸而我們已多所改進，可是仍有一部分問題未能解決，有的而且變本加厲，有賴大家加倍努力，方能免入地獄，登上天堂。敬此叮嚀，願共勉之！

代序——少年心願大，老來心事重

——爲《中央》月刊慶祝國民黨九十三週年所作

欣逢本黨建黨九十三週年紀念，中央月刊要我寫一短文，略談我入黨的回顧和對黨的期望。

距今六十四年前，民國十三年，我由中學時代一位同學張企留先生介紹加入中國國民黨，正式投入革命陣營。我在「投入」兩字前增加「正式」兩字，是因自從五四運動以後，我已參加過一些反對軍閥和帝國主義的學生運動，但沒有正式加盟。那年我在上海協助朱佛公和奚學周兩同志辦理一些文字宣傳，因而常在國民黨上海執行部走動，認識了鈕永建和葉楚傖先生等幾位前輩，受其感召，於是順理成章地加入國民黨。

從興中會開始，直到民國三十六年十二月二十五日，本黨一向處在革命階段。在我入黨時，本黨第一次全國大會雖已舉行，氣象更新，然革命政權侷處廣東，一籌莫展，上海則更是在北洋軍閥鐵蹄之下，民不堪命。我們參加革命，一心一意祇是爲着推翻軍閥，救國救民，沒有一絲個人功利的念頭。

現在建黨雖已九十三年，我入黨已滿六十四年，行憲也達四十週年，時間不可謂不長，可是國步多艱，危機四伏，我志未酬，能不悚懼！

一年多前，我參加本黨三中全會，後又謁見蔣主席經國先生，仰仗他的智仁勇誠，我喜見政治改革快將發軔，國脈民運行將好轉，我爲響應盛舉，出版了一本「政治玉連環」，提出七個問題，貢獻拙見：一、政黨政治問題，二、言論自由問題，三、國會改造問題，四、民主改革問題，五、戒嚴解除問題，六、國家統一問題，七、時潮衝擊問題。

我在該書自序中指出：「這七個環結糾纏很久，迄未解決，而且愈久愈難。幸而政治連環究竟不是秦始皇的玉連環，後者祇能以椎破一法去解決，而前者則尚能用民主方法，通過溝通、談判和妥協，以做到各取所需，各安於位，但也談何容易！」

這幾件國家大事，蔣主席和本黨中央在過去一年半中都已開始研究，而且還加上一些別的問題，有的且已寶塔結頂。謀國之忠，我很欽佩。

但是我們也不可忽視，我國的資源畢竟很有限，環境畢竟很艱難，尤其有些問題的解決畢竟不可能操之在我。我於是不敢自棄，奮其餘勇，日前又集印一書，名爲「走向天堂，也向地獄」，就十個問題提出我的批評和建議：

政黨政治路遙馬瘦

言論自由尚待落實

國會改造理勢衝突

解除戒嚴橫生枝節

溝通中介善未易明

民怨何在化解何由

三不三拒難制統戰

善謀苦幹迎向統一

中國前景柳暗花明

知識分子能做什麼

我對這十個問題的發展，不盡樂觀，我們可能上登天堂，也可能下墮地獄，但證以本黨九十三年來的成就，我仍抱着很大的希望，希望我們終能登上天堂。

「遠遊不須愁日暮，老年總是望河清。」（顧亭林）同志努力！吾黨萬歲！

七十六年十月二十二日

小啓

本書這個書名採用狄更斯雙城記的一句名言。他在該書的開場白中以驚人之筆指出該書故事發生的時代，法國大革命，「是最好的時代，也是最壞的時代……我們走向天堂，也走向地獄。」我說那是「驚人之筆」，是因它自相矛盾，初看不能取信於人。可是世事往往「禍福倚伏」、「吉凶同域」。（史記）

本這認知，以這標準，我對年來一直關心的十個問題，加以檢驗，看看我們是否在走向天堂抑或走向地獄。這十個問題是：

政黨政治路遙馬瘦
言論自由尙待落實
國會改造理勢衝突
解除戒嚴橫生枝節
溝通中介善未易明

民怨何在化解何由
三不三拒難制統戰
善謀苦幹迎向統一
中國前景柳暗花明
知識分子能做什麼

照我的初步檢驗，我們有走向天堂的宏願和機會，但也有走向地獄的危機和可能。所以必須時時注意，步步爲營，膽大心細，善謀苦幹，方能以危機爲轉機，化悲觀爲樂觀。於是我對那十個問題應該建議一些做法。

以十題中的「政黨政治路遙馬瘦」爲例。政黨政治必須是民主政治、議會政治和憲法政治，那是天堂之路。執政者如果獨裁獨佔和獨享，則在野者就會抱革命心態，走街頭路線，那便是地獄之門。所幸雙方現在尙能自制，但亟須在心態上善加調適，在方法上妥爲改進。我敬貢一些淺見。

但最嚴重的乃是「善謀苦幹迎向統一」。我指出武力的或「四持」的統一是地獄之門，和平的和民主的統一方是天堂之路。速成統一絕不可能，臺灣獨立也不足取。我建議以武裝和平和主權聯合作過渡，促成雙方民主均富境界的成熟，則統一便能水到渠成了。

本書收印我一年多來的拙作和兩篇舊作共五十餘篇並轉載文章十餘篇，但尙不能發揮走向天堂也走向地獄的嚴重性及其出路，祇是拋磚引玉而已。

本書各文除未經發表者外曾登海內外報刊，現在採用，敬此道謝，並謝吳大宇兄爲本書題字。

走向天堂也向地獄　目錄

代序——少年心願大，老來心事重
小啓
政黨政治路遙馬瘦
走獨木橋抑走陽關道……三
答《百姓》所問談民主選舉……一〇
桂花詞意苦叮嚀……一五
政黨政治的三年計畫……二一
（附載）蔣總統推動政治改革的心路歷程……戎撫天……二四

朝野互尊互諒・開展憲政契機……三一
（附載一）民進黨成立五週年的檢視……楊憲村……三五
（附載二）陶百川不計譭譽促成溝通……鍾祖豪……四一
爲臺灣人民應向中共爭意願或爭權利……四六
政黨法的立法問題……四八
從「四不」到「四絕」……五〇
報禁三反・「無奈」三嘆……五二

國會改造理勢衝突

改造國會的五年計畫……六三
務實是爲務本・充實便於改造……六九
（附載）臺灣解嚴後的國會重整——陶康模式……邱垂亮……七二
面對新挑戰・重振監察權……七八
現場答問紀要……八五
「立法監督」的節制……八六

議員化身賢良方正……………………………………八八
監察院長的角色和功能……………………………………九三

解除戒嚴橫生枝節

老虎回柙．大鵬展翅……………………………………九七
務本務實何必再訂國安法……………………………………一〇二
爲了解嚴放棄爭議……………………………………一〇九
警總的新環境和新問題……………………………………一一一

民怨何在化解何由

民怨何在？化解何由？……………………………………一一五
（附載）「公民社會」前景探索……………陸　鏗……一二一
地方自治非不能也．是不爲也……………………………………一二五
（附載）地方自治省府組織問題座談紀要……………《雙十園》雜誌……一三〇
省市議會可以有同意權麼？……………………………………一三三

我爲什麼要求簽署勞工人權宣言……一三六
（附載）勞工人權宣言及其重點……《聯合報》社論……一三八
何所叮嚀？……一四二
賣淫也要開放麼！……一四六
貪汚也應假釋麼！……一四八

善謀若幹迎向統一

答《文滙報》論速成統一和百年大計……一五三
大道之行面臨歧路……一五九
我們應有什麼樣的大陸政策……一六七
統一政策當務之急……一七〇
（附載一）陶百川的統一論……《中國報導》……一七三
（附載二）無條件談判有條件統一……王曉波……一七五
通信不通郵·探親不探共……一八二
（附載）舒茲「上海聲明」耐人尋味……拉薩特……一八六

勸中共回歸三民主義……一九〇
（附載）從歷史經驗看中共武力犯臺的可能性……雷渝齊……一九二

中國前景柳暗花明

中華民國的前景……一九九
續談中國的前景……二〇七
今年決定未來三年……二一二
解嚴後國內政治情勢發展與國家前途……二一八
（附載）政治革新與臺灣前途……丘宏達 張結鳳……二二一
展望國是會議的功能和效益……二二九
兩個議題一樣心態……二三二
從國是會議看憲政改革……二三四

政黨政治路遙馬瘦

走獨木橋抑走陽關道

我最近參加了一次座談會，與兩位新任立法委員和兩位資深記者研討「建立政黨競爭的規範與共識」，包括黨與黨員的關係。

以我研究政黨政治的心得，和早年從事黨務工作以及去年擔任執政黨和黨外溝通的中介角色，我有很多話要說，而且那天也說了一些，可是限於時間，總覺意猶未盡，我所說的又未能全部登出來，所以我現在補寫本文。

黨與黨員相處之道

首先，那天我強調了黨團的地位以及它與中央黨部和黨員的關係。

在中國國民黨，中央黨部領導，不僅領導，而簡直控制黨團及其黨員。民進黨也有這種傾向。

但在現代民主國家，以美國爲例，在朝黨由總統和參眾兩院的黨團及其議員共任領導之責，而不統於一尊，兩者遇事協商，也能達成共識。在野黨則以參眾兩院的黨團及其負責幹部的意旨為依歸。兩黨雖各設有中央黨部，也有主席，但他們的任務則重在辦理黨務如組織、宣傳、募款和部署競選。至於所屬議員在議會如何提案、發言和表決，中央黨部及其主席和幹部向不過問。

英國制度，與美制相似。三個大黨各由本黨的國會領袖和幹部領導，國會領袖就是黨的領袖。整個黨的代表大會雖是「國會黨」的上級組織，但前者只在集會時決定黨的路線或黨綱，至於以後如何實踐，決定之權不在中央黨部，而在「國會黨」的黨員大會和領袖。

國民黨和民進黨以及民青兩黨，如果也是或自我期許為民主的政黨，便當以英美為法，善處它們與黨員的關係。

四項準則有為有守

關於這點，我前在監察院曾向我的黨部提過幾個處理準則，包括下列四條：

一、表決控制，意見自由：這是說，民意機關的黨籍代表應有充分發言和質詢的機會，表達他們自己和選民的意見，但表決則須力求一致。

二、政治領導，大棒則走：前一句是說，黨固靠黨德、黨誼和黨紀去領導黨員，但尚應強調政治領導。因為黨員進黨，為的是要實現政治理想，而非純為功名利祿，所以執政黨必須做好政治，黨員方能對它發生向心力。

後一句話是中國古來孝子事親之道，共有兩句：「小棒則受，大棒則走。」如果引申之作爲黨和黨員關係的處理原則，黨應讓黨員以良知去判斷應該服從的程度，而不好動輒以「大棒」去威脅和制裁。美國民主共和兩黨的議員平均總有百分之三十左右不照黨團決定投票，可供深思。如果黨部輕易使用大棒，則黨員自必會委而去之了。

三、對外溝通，對內民主：政黨應本容忍妥協的精神，對外力求溝通和協調，對內尤應加速民主化。

四、爭在會場，禁上街頭：政黨政治，爭吵自所難免，也不足憂，但須依法依理，作君子之爭，嚴禁走上街頭，使用暴力。

爲公道恕道舉一例

但這有賴於建立政黨競爭的規範，其道很多，而最重要的是雙方都要改變心態，講求「公道」和「恕道」。

關於公道，老子叫它作「天道」。他說，天道猶如拉弓射箭，高則抑之，下則舉之，用之於權利的分配，必須「有餘者損之，不足者補之」。意思就是要恰到好處。因爲「公道自在人心」，所以政治必須講求公道，方能延攬人心。

至於恕道，孔子說得最好：「己所不欲，勿施於人」。這不獨是理所當然，也是利害關鍵。

因爲如果濫用權或力，愛之欲其生，惡之欲其死，則將來對方翻身之日，勢必以其人之道還治其人之身，而寃寃相報，自必禍延後代。

我曾舉過一個例子。立法院議事規則規定委員提案至少須有二十人聯署或附議，我覺得它違反公道，也不合於恕道。例如青年黨、民社黨或民進黨的立委因此就沒有提案的可能，因爲他們都不夠這個高額人數。尤其因爲該院以前曾有十人就可提案的傳統，後來突然提高爲二十人，使人不能不覺得是出於「排他」的動機。而且該院去年曾經醞釀修改恢復爲十人，黨外委員曾以退席力爭，但結果還是仍舊。比之於監察院的提案只需一人，無需他人附議，（只有對總統、副總統的彈劾案憲法規定應有全體監委四分之一的聯署），立法院的這項議事規則自有公道化和恕道化的必要了。

立法院的吵吵鬧鬧

這個論據如能成立，而我想是能够成立的，則立法院二月二十三日的吵吵鬧鬧自是事有必至。

依據報載，民進黨委員認爲倪院長任期已滿，應先改選而後開會聽取行政院長的施政報告，而倪院長則認爲他的任期尚未屆滿，自可主持會議。我覺得兩說都有理由，應當取決於院會。於是他乃徵求附議，結果只有民進黨的十一人舉手附和。因爲不足二十人的聯署數額，他們的意見就被打消，從而沒有被討論和表決的機會。反之，如果十人附議就能成爲議案，或有九位國民黨或青年黨的委員出而附議，則民進黨的意見就能被重視而討論和表決，而會場氣氛也應能希望不致那樣火爆，至少像我這種習於客觀的人便不會要求該項議事規則應更公道和更恕道了。

此外，我不知朝野雙方曾否就那些爭執問題有所溝通和協調。如果沒有，則懲前毖後，我呼籲雙方必須立卽打通溝協的管道。好在雙方都置有專職人員，他們不需中介人士的協助，立刻就可開始作業。但如果雙方沒有公道恕道的精神，則溝協也將徒勞。

民進黨已不是弱者

如上所陳，讀者或許會感到我對執政黨望之較切，責之較嚴。如果眞的如此，那是因爲我對它愛之較深。

但是秉持民主平等的精神，我也應該愛惜民進黨，所以我也得望之責之。

面對執政黨，民進黨當然較弱和較苦，但唯其如此，它尤須做得更理性，更守法，很公道，很恕道，以改善形象，爭取民心。

其實，民進黨也未必一定是弱者。它有百分之二十五左右的民眾基礎，而且相當堅實，它也有眞誠專精的幹部，其中一部份而且較強於執政黨。因此，它已有踐行公道恕道的本錢，而可扮演「強者」的角色。

但就事論事，民進黨處理第一次院會主席的問題，就顯得不很高明。我以爲民進黨事前大可寫好一個提案徵求聯署，大意可說：「倪文亞院長的任期已隨前任增額立委任期終止而結束，如果還繼續擔任院會主席，顯違立法院長三年任期的規定。是以院長副院長，必須即速改選，俟新任產生後方可聽取行政院的施政報告。如果大家認爲施政報告必須在第一次院會中聽取，則同人主張推選臨時主席主持會議。是否得當，敬請公決。」

我相信稍經溝通，這個提案應能獲得二十人的聯署，則那場糾紛便能避免了。

自求多福預祝昌隆

至於行政院院長應隨增額委員的改選而重新徵求立法院同意的問題，我以爲民進黨同樣可以書面提案徵求而且能够徵足二十人聯署。

這樣的兩案如果徵求不到二十人的聯署而被扼死於腹中，則公道不行，恕道不通，有識之士都會對那些覇道的人鳴鼓而攻之。這對民進黨乃是雖敗猶榮，得多於失。

可是民進黨卻計不出此。

邁向民主憲政的政黨政治，民進黨和執政黨以及其他黨派，現在面臨歧途：一是獨木橋，一是陽關道。如果走獨木橋，大家可能同歸於盡，但走陽關道，則可望共存共榮，利國利民。

我於是想起上文提到的那次座談會。那時我引用美國小羅斯福總統當年如何以「爐邊談話」

以及雷根總統如何以每週一次的廣播講話訴求選民支持，以化解反對黨的議會壓力。可是民進黨的黃煌雄委員則說：「陶公所言甚是，問題是我們沒有在廣播、電視上演說的機會。」

我聽了很感動，也很感慨。幸而可以告慰於黃委員和民進黨的，那次座談會是由國民黨常委王惕吾先生的報紙所主催，而所請兩位立法委員便有一位是民進黨的委員，（黃委員。另一位是執政黨的趙少康委員），這對民進黨乃是一個好的轉變和朕兆。祇要民進黨能夠自求多福，大家都會祝它順利和昌隆。

七十六年二月二十五日

答《百姓》所問談民主選舉

國策顧問陶百川先生，被喻爲臺灣島內最受黨內、外敬重的政論家，由監察委員而至國策顧問，數十年來推動民主政治，如今雖年逾八十，熱誠不減。

陶百川雖是國民黨籍，但他對黨內外衝突所持的立場，卻不偏不倚，因此爲黨外人士所接受，執政黨亦邀請他出任溝通黨內外的中介人士。

由於本刊記者無法赴臺親訪陶先生，因請陶先生以書面方式回答本刊提問，暢談對這次選舉和政治改革的意見。（百姓編輯）

黨外組黨確屬過激

一、民主進步黨搶在增額中央民意代表選舉之前成立，意圖以組織力量來赢得更多選票；可是有些人認爲組黨之舉造成與執政黨對抗。究竟組黨對它是正面還是反面的影響？

答：正面的和負面的影響都有。就選舉來看，雖然黨外參加選舉以來，在當選率和得票率兩方面，每次都有成長，而以這次最顯著，這是組黨之力。但也因它罔顧法制，搶先成立，且在政見方面，又使人民不能無疑，也使政府不敢放心，在它未來的發展上顯然存在一些未知數。

二、您曾因民進黨不肯明確接受組黨三原則（遵守憲法、反共、與臺獨劃清界限），慨嘆今人不如前人的量度，是否有點要求過高？因爲不同的政黨自有不同的政治主張，不能要求其他政黨都依附於執政黨的主張。

答：我曾試行協調，以兼顧雙方立場的文字，勸民進黨接受蔣總統所提示的三個組黨條件。例如關於遵守憲法，我建議加上「並回歸」三字。又如反共，我建議，支持反共的基本國策，而不包括一些方法，例如不接觸或反對通郵。關於與臺獨劃清界限，我以爲不提「臺獨」字樣也可以，祇須摒棄分離運動應該就會使執政黨滿意了。可惜後來溝通中斷，無法談下去。

三、您作爲促進溝通的中介人士，對黨外突然組黨和以後在選舉宣傳上的表現，您認爲有沒有過激之處？

答：我對它的確有過激之感，而且認爲沒有必要。因爲黨外朋友應該相信蔣經國總統開放黨禁的誠意和決心，一俟組黨法律完成後，他們就會獲得執政黨和政府的承認並享受政黨的權利，而且執政黨已保證在過渡期間，他們可以享有籌備階段的地位和權利。所以正不必那麼急促，以致引起政府的疑懼，埋下今後冷戰和冷和的種子。至於爲了歡迎一個許信良而大張旗鼓，實在不智和不法。但是後來的機場騷擾，頗出民進黨意料，所以第二天就發表譴責的聲明並取消原定的巡迴助選大會，使事態不致擴大，那就是組織化的功能。如果他們沒有形成政黨，第二天會繼續鬧事，則就會導致第二個高雄事件。

四、您曾經引用蔣經國總統的「不能盲目衝動，意氣用事」來告誡黨外人士。他們最近的表現，有那些是犯誡的呢？

答：我不想多說，我不知你是否覺得他們大張旗鼓歡迎許信良以致引發機場騷擾，未免失之於衝動和意氣？而且許迄今還不是該黨的黨員，而被拒入境的一般人民何止幾十百人，我沒有看到黨外曾爲他們作出大規模歡迎的強力行動。

希望兩黨大力溝通

五、許信良強行回臺對民進黨有無幫助？還是有負面影響？

答：民進黨人士事後檢討，認爲對他們沒有幫助，但許國泰則以高票當選。是非眞不易論斷。

六、原定十一月初進行的兩黨溝通，何故忽然取消（或推延）？今後彼此溝通的途徑將是如何？

答：原有形式的三邊溝通是不會再有了，但我希望兩黨以後能自行溝通，不必我們中介人士去扮演紅娘。至於中斷的原因，是因會談程序難以獲致雙方協議。

七、執政黨最初表示草擬國家安全法和修訂人民團體組織法需時，不可能在今年內完成，後來則一再提前，至今國安法草案已完成。何以如此趕忙？是否爲了表示不會拖延的姿態？這種姿態對國民黨候選人贏得選票有幫助嗎？

答：法規修訂費時，不能很快完成，是立法技術人員的想法，雖經蔣總統一再督促，但迄今猶未完成，而選舉則已過去。

八、執政黨中央常委會十二人政治革新小組，針對充實中央民意代表機構的改革方案，提出兩項原則：㈠必須具備全中國代表性，㈡必須切合自由地區民主政治發展的基本需要。您的意見如何？

答：我很贊成這兩個原則。我所以早就主張國民大會須由自由地區的選民以批准方式選出大陸籍人士爲代表，就是爲要保住這個政權機關的全國代表性。至於立法院和監察院的對象和功能祇限於自由地區，所以它們的成員，不妨全由自由地區人民產生。

九、您在今年四月《自立晚報》的座談會上表示，希望立監委選舉由下次開始，即大幅增選，分兩次補足應選人數。您當時指的「下次」，是否就是現在這次選舉？若是，則政府改革的步伐似乎不如您預期的快。

答：我所謂「下次」祇能指民國七十八年的未來一次。因爲那麼大的改造手術，必須修訂憲法臨時條款和新訂法律，絕對不是幾個月所能辦到。

十、估計十二人小組對充實中央民意代表機構的改革，何時能提出具體方案？

答：它的方案，如果牽涉很大，則不免要修訂臨時條款，因而必須召開國民大會，於是必須早日提出它的具體方案，以便從容準備。

十一、這一次改選增額委員，會不會是最後一次？

答：照我的計畫，應該再辦兩次，選足我所假定的新中央民意機關的總額：國民大會四百名，立法委員三百名，監察委員七十名。以立委爲例，現有人數約二百九十餘人，其中大陸選出委員二百餘名，增額委員九十四名。我建議三年後改選這九十四人外，須再增選五十六人，共計增選一百五十人，湊足三百人的半數。又再過三年，再辦增選時則共選三百人。以後就以此爲限，並改稱爲第二屆。至於國大代表和監察委員，則因任期各爲六年，辦兩次增選選足它們的總額，各需十二年。

十二、今年的增額中央民意代表選舉，很受注視，表面看來很重要，可是國大和立委的增選席位都祇佔很小比例，影響力不大。究竟這次選舉的重要性在那裏？

答：這次選舉頗不尋常，因爲投入了不尋常的新因素：一是民主進步黨的面目首次與選民相見，氣勢與前不同，所以大家對這次選舉就刮目相看；二是該黨大張旗鼓地歡迎許信良，把空氣炒得很熱，不免使人提心吊膽。

七十五年十二月九日臺北

桂花詞意苦叮嚀

——朝野共同努力走向天堂莫下地獄

日前我把一年來所寫的時論四十餘篇集印一書，名爲「桂花詞意苦叮嚀」。（但後已改爲「走向天堂也向地獄」了。）那是白居易桂花詩中的名句。我記得原詩如次：

何不多種一株桂花

遙知天上桂花孤，爲問嫦娥更要無。
月宮幸有閑田地，何不中央種兩株？
桂花詞意苦叮嚀，唱到嫦娥醉便醒。
此是人間腸斷曲，莫敎不得意人聽。

我恐記憶有誤，查了兩種版本，但一種祇錄一首，另一種則沒有錄印。我突然記起胡適之先生曾將該兩詩寫給胡健中兄，因而一面函詢健中，同時查閱胡適之年譜長編，果然在它第九册中發現這樣一節：

「夜裏八時，李青來來訪。……先生和她談起前天晚上曾應李萬居、高玉樹的邀請，懇勸他們不要走極端，希望他們和和平平的籌組新黨，並且從從容容的去獲得政府的諒解。先生還勸他們，籌組新黨，不必存有任何的敵對心理，在稱呼方面，最好能用在野黨，不用反對黨，因爲反對兩字聽起來比較刺激。先生還寫了白居易的『桂花曲』兩首詩，託她帶給康華。」

不久，我也接到健中兄的覆信，承示：

「承訊往年弟和白居易詩一節，事隔垂三十年，益以弟所爲詩文，向不留稿，致一切多已淡忘。經追憶屢日，始略記其事。胡適之先生時任中研院長，我們常有文字上交往，一日，忽書一屏條相贈，所書詩句，卽爲白居易桂花詩，詩云：（略）。」

那時健中兄並就白詩和了兩首，也承他抄示，詩曰：

休言天上桂花孤，樹色遙看近卻無。
月中田地耕耘遍，何止中央種兩株！

桂花辭意自叮嚀，不醉嫦娥夜獨醒。
此是人間腸斷曲，莫輕唱與世間聽！

牛李之爭雷震之獄

健中函中並有這樣一段說明：

「胡氏書贈白居易詩之日，適在雷震事件之後，一時海內外俱有籌組新黨之聲。揣胡氏之意，厥在『以古諷今』。白詩作於唐代牛李黨爭熾烈之際，詞意淒婉，旨在規見容物，弟之和作則在為現實辯解。當時知其事之原委及其意義者甚少，惟區區微意，適之先生必能洞澈。」

同時，詩人阮毅成兄，他在受我請託考證白詩後，也有驚人發現。他查得白香山集卷五十四載有桂花詩三首，而非如一般版本所載僅兩首。他把那三首併抄給我，如左：

蘇之東城，古吳都城也，今為樵牧場。有桂一株，生乎城下，惜其不得地，因賦三絕句以唁之：

子墮本從天竺寺，根盤今在闔閭城，當時應逐南風落，落向人間取次生。
霜雪壓多雖不死，荊榛長疾欲相埋，長憂落在樵人手，賣作蘇州一束柴。

遙知天上桂華孤，試問嫦娥更要無，月宮幸有閒田地，何不中央種兩株。

右詩未錄那首「桂花詞意苦叮嚀」。是則桂花詩應有四首了。

按：白居易是因牛僧孺和李德裕的朋黨之爭，於心不安，「長憂落在樵人手，賣作蘇州一束柴」，因而勸嫦娥「月宮幸有閒田地，何不中央種兩株！」「嫦娥」也有同感，所以兼收並蓄，但兩派卻鬪爭不已，達四十年之久。

胡適之也因雷震被捕下獄，民主黨難產，從而寫了那首桂花詩，希望胡健中以中央常務委員之尊而能影響政府當局在閒田地上多種一株桂花，可是他也終於失望了。

又見黨爭嫦娥覺醒

二十五年後，我們又見黨爭，我被邀請從事溝通中介，深慶仰仗蔣經國總統的智仁勇誠，執政黨在去年半年之間，准許黨外公政會公開活動，並在各縣市設置分會，在修訂人民團體組織法時，准許黨外使用「政黨」名義，試行政黨政治，並有意在三年內正式制訂政黨法，實施政黨政治。

黨外卻不以爲足，在民國七十五年九月，未經協商，突然成立民主進步黨。但執政黨仍相忍爲國，未予取締，並讓它以政黨名義參加選舉，並得派員分往國外從事政黨外交活動。我知道蔣總統眞想在月球中多種幾株桂花。所以比較過去所有的建黨運動，民進黨的運氣最好，收穫最大。我很欣慰。

可惜好景不常，禍福倚伏，勝利容易沖昏頭腦，黔驢之技不可賣弄過分。由於民進黨或其同志，無視這些道理，以致訴求對象愈來愈高，所用手段愈試愈猛，從而激起反響，遭遇反制。看來它的運氣不會再像一年前的大吉大利了。而「覆巢之下焉有完卵」，對執政黨和國家也很不利，所以我很憂慮。

回憶去年十月我在和胡佛等三教授結束溝通中介的餐會中，我臨別贈言，要求民進黨記取費希平先生的五項原則，就是：

一、不強調地方意識；

二、與國民黨和平共存，公平競爭；

三、在憲政體制下走議會路線；

四、採取反共政策，並與「臺獨」劃清界限；

五、不做「民主花瓶」，要有自己的政治主張。

政黨政治朝野共勉

我又指出民進黨的政治胎教並不很好，以致爲國人所疑懼，所以祇有接受這些原則，方能爲國人所了解、信任和接納。

一位有力人士卻立即聲明那祇是費委員個人的主張，而民進黨以後的言行也就日益使人疑懼了。

但我也深知民進黨和有些憂國人士的確不無不平之氣待化解，不公待遇要糾正，並有一些正當的政治訴求要政府接受，於是政府自當加以傾聽，與其協商，以求進步和祥和。忠於謀國，明於識時，仁於愛民，勇於任事，負有國家大責重任的政治家固當如此，責無旁貸，其勉之哉！

七十六年十一月二十八日

政黨政治的三年計劃

問：開放黨禁是執政黨另一重大政治革新主題，雖然開放原則已經確定，但在執行時仍有躊躇之處。您認爲在現階段執政黨在推展政黨政治時，應該抱持何種心態？

答：誠如你所說，開放黨禁乃是執政黨一個重大政治革新主題，是則何能沒有躊躇之處呢？但躊躇了也不過四個月，執政黨隨卽宣佈開放黨禁。這不能不說是一個奇蹟。

回憶本（七十五）年八月中旬，我對美國訪華五位民主黨人士表示，國民黨當局認爲臺灣社會已多元化，各種不同的利益和民意應由各種不同的組織和管道爲其代表和宣達，所以正在研擬政治結社的法制，將來可能會准許人民組織新黨，以擴大現規模的政黨政治。最近政府同意黨外公政會祇須依法登記，便可設立縣市分會，而這登記手續規定於民法總則和人民團體組織法，公政會一經依法申請登記，政府主管機關便會迅速核准。

於是黨外公政會就可取得合法地位，就可從事政黨活動。那是無政黨之名而有其實，在民主政治乃是進了一大步。如果朝野合作得好，政黨政治不難就此展開。

我又指出，六年前我曾經建議國家制訂政黨法，在兩年中開放黨禁，實施政黨政治，辦法如左：

一、上次立法委員或國大代表選舉時合併得票超過三十萬票的候選人（包括落選人）或千分之五的人民，皆得申請組織政黨。

二、申請書須聲明服從中華民國憲法，效忠國家，違者得由政府予以解散。

三、參考美國聯邦選舉委員會和南韓中央選舉委員會的民主精神，改組我國現有中央選舉委員會，本其民主公正的立場，受理政黨之設立案或解散案。

我又說，我們正呼籲朝野雙方應速溝通協調，試行公政會模式的「準政黨政治」，並在一九八九年完成政黨法的立法程序，實施全面性的政黨政治。

想不到執政黨在一個月後竟大大方方地宣佈政治社團當然包括政黨，政府可准人民依法組織新黨，於是黨禁就此解除了。

這顯然乃是德政和善政，執政黨自應堅守立場，不可退卻。如果有人怕多黨足以亂國，則須知他們所稱道的南韓便有十七個政黨，新加坡也有八個。如果有人對僅有一千多個黨員的一個新黨駭怕得相驚以伯有，危言聳聽，惶惶不可終日，則尚能以「革命」「民主」政黨自許麼？

問：民主進步黨人士應該有何種共識，才能避免衝突升高，順利走上民主政治（政黨政治）之路？

答：很簡單，接受國家元首蔣總統宣佈的三個原則：一是遵守（中華民國）憲法，二是支持反共的基本國策，三是與臺獨運動劃清界限。

記得六年前一位黨外監察委員垂訪敝寓，我把爲他複印的蘇東坡的「賈誼論」送他參考。他立即展讀，並說：他了解我的用意，我是要他做得蘇東坡所說的「使天子不疑，大臣不忌」。我很佩服他的悟性和敏慧。

現在我也要提醒黨外：必須做到使人民不疑，政府不忌，而這也很簡單，祇須接受蔣總統的三個原則而已。

七十五年十一月九日

(附載)蔣總統推動政治改革的心路歷程

戎撫天

最近一年來，國內政治變遷極爲迅速，執政黨主動推動政治改革，解除戒嚴，並容許「黨外」逕行宣布成立政黨，實質運作，執政黨因而贏得海內外廣泛的讚譽與支持，堅定了執政黨繼續改革的信念，政治發展似乎轉向良性循環。

推動改革洞燭機先

這一年的政治發展，頗令人有「一新耳目」的感覺，改革的步調與幅度都超過一般的期望，甚至一些政治反對人士都覺得措手不及，不知如何反應。

執政黨是如何由保守取向的政黨轉爲改革取向的政黨？執政黨主席蔣經國在政策調整過程中扮演什麼角色？蔣主席在此時積極推動政治改革，其政策目標爲何，他的心路歷程又是如何，都是極具歷史意義的觀點。

記者爲瞭解這些問題，訪問了四位經常接受蔣總統諮詢的「大老級」人士，訪談內容充分凸顯了蔣總統洞燭機先的政治智慧、溫和寬容的政治態度及崇尚制度的決心。

這四位受訪人士都不願透露姓名，但應無損於他們談話內容的可信度。

蔣總統是在去年十月接受美國華盛頓郵報董事長葛蘭姆夫人的訪問時，透露執政黨將推動解除戒嚴等一連串政治改革。事實上，蔣總統決心推動政治改革，遠早於去年十月。蔣總統在透露此一訊息時，解嚴政策早已確定。

去年春節前夕，蔣總統約見了一位他經常諮詢的大老。這次談話極具意義，不僅奠定日後一連串政治改革的基礎，由蔣總統的談話內容，也可揣摩出他當時對國是的憂慮之情，這正是他決心推動改革的動力。

蔣總統告訴這位大老，接下來有幾天春節假期可以不用上班，希望他利用這幾天好好想想未來國家發展的方向。蔣總統並告訴他，這幾個月經濟情勢好轉，軍售問題也有妥善的安排，國防科技更有長足進步，國家安全似無立即威脅，政府應有餘力在政治建設方面施展作為。

大作為深具前瞻性

蔣總統並告訴他，一年內連續發生十信案及江南案，顯示政治結構有毛病，他覺得非常憂慮，尤其江南案，更讓他痛心，過去情治單位對國家有貢獻，但江南案也反映出情治單位的嚴重問題，亟需改革。

另一位接近總統的大老，也證實總統記取江南案的影響，此後情治機關首長出缺，總統寧以軍事將領接任，避免由情治系統內拔擢，以嚴明情治機關的紀律。

春節假期結束後，總統再度約見這位大老，詢問他對政治改革的意見。這位大老後來回憶，由這次約見可以明顯感覺，蔣總統對政治改革已成竹在胸。

去年三月執政黨召開三中全會，蔣總統以執政黨主席身分主持閉會典禮時，明白昭告國人，要以黨的革新帶動全面革新，隨後，他指定十二位中央常務委員成立政治革新小組，研議革新議題。

十二人小組成立初期，常委們的意見相當紛歧，最初他們提出的革新範圍僅包括地方自治法制化及充實中央民意機構問題，但蔣總統堅持，解除戒嚴及開放組黨問題應納入其中，使政治革新成爲眞正具有前瞻性的大開大闔大作爲，對未來政治發展產生實質影響。

一位參與決策的人士告訴記者，依他觀察，如果不是蔣總統堅持他的政治理念，面對困難而不退縮，戒嚴令不可能解除，政治團體也不可能開放新設。

溝通政策强調和諧

一般政治觀察家都同意，「民進黨」能夠在驚濤駭浪及社會強烈疑慮的氣氛中成立，並展開實質運作，與執政黨的溝通政策有一定程度的因果關係。如果不是執政黨於去年五月間開始明確採取溝通政策，同意「公政會」的成立，無黨籍人士的組黨行動未必如此迅速，可以說，執政黨的溝通政策凝聚了較和緩的政治氣氛，因而增加了無黨籍人士的安全感，才有去年九二八逕行組黨行動。

執政黨是在去年五月間，由中央政策委員會透過中介人士安排，出面邀請無黨籍人士溝通，中央政策委員會是依據執政黨中央委員會工作會議的決議，執行溝通政策，而工作會議是由馬樹禮秘書長主持，馬秘書則長是依據德高望重的總統府國策顧問陶百川的建議，提工作會議討論通過，交政策會展開溝通工作。

由決策過程可以瞭解，執政黨的溝通政策是執行層次的決策，不過，馬秘書長的決定，曾得到蔣總統的鼓勵。

事實上，早在去年二月，蔣總統在諮商一位大老時即曾透露，要和黨外好好溝通，以避免發生衝突，此後，他多次在公私場合談話，都強調「團結和諧」原則。

去年九月二十八日，黨外人士逕行宣布成立「民主進步黨」，黨內外對立的緊張情勢達於最高峯，執政黨、黨外人士及情治機關的種種動作，頗類似七年前高雄事件逮捕行動的前夕。不過，這種緊張氣氛很快就鬆弛下來，「民進黨」逐步開始實質運作。

據透露，蔣總統在「九二八」的第三天已決定採取寬容的態度，他當天召見副總統李登輝並告訴他：「此時此地，我們不能以憤怒的態度，採取激烈的行動，影響社會治安，我們應採溫和的態度，以人民安全、國家安定爲首要考慮，來處理國家的事情。」

九二八後數日，執政黨中央政策委員會曾請示，是否繼續溝通，蔣總統以執政黨主席身分指示「溝通政策不變」，此一訊息經報紙披露後，緊張的政治情勢卽告和緩。

適當言辭化解猜疑

蔣總統確定了寬容政策後，曾召見全體高級軍事將領，明確要求軍人應獨立於政治之外。蔣總統極高的政治聲望及對軍事系統的絕對影響力，使得軍人逐漸脫離政治領域的活動。

蔣總統任命文職的汪道淵爲國防部長，用意卽在以文官領導軍事體系，建立可長可久的憲政制度。汪道淵轉任司法院副院長後，蔣總統曾認眞考慮以國科會主委陳履安接任，以確立文人主管國防政務原則，最後還是因爲陳履安年齡較輕，很多現職將領是他的父執輩，軍中又極重視倫理輩份關係，才由卸任軍職多年的鄭爲元接長國防部。

行政院長俞國華在解除戒嚴及解除外匯管制後，曾多次透露，這只是全面改革的第一步，果然不久後就傳出政府將開放民眾赴大陸探親的消息。據透露，這項突破性措施的原始推動者還是蔣總統，他在今年年初卽要求馬樹禮秘書長研究，執政黨經過兩任秘書長，前後半年的研究，開放政策終趨明朗。

一位經常接受總統諮詢的大老透露，總統近來雖然受健康情況的限制，不能再像過去，經常到地方視察，親自探尋民意，但他對民意的掌握卻極敏銳。他在立法院資深立委和增額立委對立情況嚴重時，約見立法委員，告訴資深立委，他知道資深立委被反對立場的委員羞辱，「覺得好像自己受到羞辱」，他又對增額委員讀了一封民國三十八年先總統　蔣公拍發給當時臺灣省政府主席陳誠的一封電報，要求陳誠多任用優秀的省籍才俊，藉此蔣總統告訴增額立委，本土化政策執政黨已行之四十年，過去如此，未來亦然。

在中國結和臺灣結糾纏不清時，蔣總統接見十二位地方耆宿，並告訴他們，他在臺灣住了將近四十年，已經是臺灣人了。這些話蘊含極深刻的政治意義，又抓緊了時機，適時適地提出最適當的言辭，可使效果達於極致，蔣總統這些談話，不知化解多少政治猜疑與對立。

約見耆宿探尋民意

蔣總統能對民意保持敏銳的反應，主要的管道有三：㈠勤於接見訪客，除了有關部門安排的正式訪客外，總統也會要求會見特定的人，如他曾要求會見地方耆宿，直接聽取他們的意見。㈡勤於閱報，他雖不親自瀏覽所有的報紙，但每天要聽取讀報，而且鉅細靡遺，非常仔細。㈢勤提問題，一位總統經常諮詢的人士透露，他工作中最大的心理壓力，是要答覆總統的詢問，社會發生任何重大事件，他都要儘速瞭解前因後果，並分析可能的影響，還要提出適當的對策，總統隨時可能提出詢問。這些因素，使蔣總統對社會所發生的事情都瞭如指掌。

副總統李登輝在接受旅美學者楊力宇訪問時，談到蔣總統處理國家大政三大方針：㈠一切作爲向歷史交代，不計目前毀譽。㈡考慮國家長遠利益，不受他人影響。㈢建立良好制度，以求國家長治久安。由最近一年種種重大決策的過程觀察，李副總統的體會的確非常深刻。

七十六年八月三十日，聯合報

朝野互尊互諒・開展憲政契機

——答時報新聞周刊編輯所問

問：執政黨所做三項重大革新，解除戒嚴與開放黨禁，是您多年來的一貫主張，您爲此曾多次呼籲當局採取改革措施，現在，這二項政治改革已初步實現，您的感受如何？在現階段的情勢下，對未來政治局勢的展望如何？

民主改革寶塔結頂

答：這兩大民主改革，解除戒嚴和開放組黨，足以增強團結和諧，鞏固長治久安，促進自由民主，端正憲政法治，而且也有利於對付中共的統戰以及有益於推動國家的和平統一。

唯其因有這樣意料中甚或還有意想不到的效益，許多憂國憂民的知識份子，多年來奔走呼號，鼓吹推動，不遺餘力。現在眼見這兩大改革快將寶塔結頂，我的歡欣安慰，自能不言而喻。

這兩項功德是誰的貢獻呢？我們這些無權無勢的書生，作用不大，但也不是執政黨的三中全會，因爲它根本沒有涉及該項改革的決議，也沒有相關的提案，我曾提出一份書面意見，略中所見，可是根本沒有引人注意。（請參看拙著「政治玉連環」第一二五頁）

然則是否是十二位中央常委所組成的研究小組的功德呢？我的評語是：「千呼萬喚始出來」，可是「猶抱琵琶半遮面」。它已做得難能可貴了，但是還應做得快一點和好一點。

誰在「千呼萬喚」呢？是主席蔣經國先生。沒有他的「呼喚」，該會根本不會有這兩項改革的議題，遑論結果！

基於同樣的道理，因爲有著蔣總統的領導和督促，我預料該兩項改革必能貫徹始終，大放光明。

問：您所引「千呼萬喚始出來，猶抱琵琶半遮面」，我很欣賞。政府應就執政黨這兩項政治革新迅即開始後續工作，如新法的研擬，舊法的修正，以及再往後的執行層面，您有何建議？

落實政黨政治決心

答：以大家所希望的政黨政治來說，執政黨的政策似乎還不够明確和務實。究竟擬議中的政治團體能否叫做「政黨」？是否讓它具有現代民主政黨的特質和權利？一般人尚在懷疑。

他們似乎有兩種看法：一是認爲執政黨既宣稱具有前瞻性和層次性，並將修改現行法律而暫不制定政黨法，可知將來新設的政治團體可以叫做「會」或「社」，但尚不得叫做「黨」或「政黨」；二是認爲所謂政治團體當然包括政黨在內。在這兩種認知中，我的了解是以第二種爲是。但是爲了檢驗和落實執政黨開拓政黨政治的決心，也爲了打開民主進步黨提前成立的僵局，我在日前與黨外人士溝通會談時，力勸他們迅卽重申接受蔣總統對華盛頓郵報發行人發表的組黨原則和執政黨中央常會的研究結論。

我說，黨外必須出此高招，方能「成人（蔣總統）之美」，副民之望，使那個懷胎不滿七個月而早產的寧馨幼民（民主進步黨）不致夭折而爲自由民主的親者（連我在內）所痛和所責。

當時我私擬了（現稍改正）他們所當重中的文字如下：㈠遵守中華民國憲法；㈡支持政府反共基本國策——反對中共「四個堅持」；㈢擁護國家統一，摒棄暴力和分裂主義，並與該類組織劃清界限。

爲了回應黨外人士的聲明，更爲了祛除人民對執政黨解除黨禁的疑慮，現在我建議執政黨也請明白宣布：將來在新訂或修訂法規中明文規定：「人民得依本法組織政黨並受法律保障。」

解除戒嚴光明磊落

至於解除戒嚴，執政黨的政策更是光明磊落，難能可貴。舉一個例，中央黨部的研究人員本想採用我多年前的建議，將人民以文字圖畫或演說爲有利於匪徒之宣傳的叛亂案改歸法院審判，不再以軍法從事。至於其他性質嚴重如暴動等罪行，則仍歸軍事審判，但准其向最高法院上訴，以昭審愼而求公正（參閱前舉拙著「政治玉連環」第一六三至一六七頁）。但在中央黨部簽報蔣總統時，他主張「回歸憲法」第九條，於是人民除現役軍人外，以後無論所犯何罪一律不受軍事審判。這在保障人權的觀點上眞是大智大仁。依這開明進步的政策方針，我建議如果修改現行安全法規而能達到保護國家安全的目的，則就不必畫蛇添足，另訂國家安全法，以免大家相驚以伯有。（參看前舉拙著第一六八至一七一頁）

因應變遷全面革新

問：在較寬廣的推展民主憲政的客觀環境下，您對主導國內政局的執政黨和積極致力發展新黨的反對人士，有何期待？

答：我以為執政黨和在野黨必須開始學習如何互尊互諒，和平競賽。本（十）月五日，蔣總統在中常會的講話，可圈可點，可歌可泣，感人很深，而我最欣賞其中兩段。一是說：「時代在變，環境在變，潮流也在變。因應這些變遷，執政黨必須以新的觀念，新的做法，在民主憲政的基礎上，推動革新措施。唯有如此，才能與時代潮流相結合，才能和民衆永遠在一起……（我們），一定要積極推進，徹底執行，儘速完成。我們要讓大家忙碌起來……切實達到改造的績效與成果。」凡此所示，執政黨的同志們尤其必須躬行實踐，徹底做到，使大家心悅誠服，沒有話說。

蔣總統的第二段話是：「我們不能盲目衝動，意氣用事。因爲意氣用事或衝動都極容易使得自己失去理智而遭到挫敗。歷史上很多此類的例子，小不忍則亂大謀，不可不愼。」這雖是蔣總統對國民黨黨員所說，但我以爲黨外人士尤當注意。

黨內外中斷了五個月的溝通餐敍，可能會在下月中恢復，就幾個敏感問題溝通意見。我希望我們都能重視蔣總統的話，通過考驗，不繳白卷，使人民有福、國家有利。

七十五年十月二十八日

（附載一）民進黨成立五週年的檢視

楊憲村

不久之前，民進黨的兩位黨主席準候選人施明德與許信良，曾分別於溪頭向該黨立法院黨團報告個人主持黨務的理念，兩人最受矚目的觀點差別在於許信良重申選舉總路線策略，與施明德認爲反對運動不應過分強調選舉路線，而應是議會、羣衆路線並用；許信良還覺得民進黨走向內造化是必然的趨勢，但現階段由於主客觀條件限制，仍須一定程度依靠羣衆運動；而施明德則主張在國家認同與政治體制未明確釐清之前，黨不宜走向內造化。

這兩種論點的歧異，基本上仍是延續反對勢力自八〇年代初期以來所謂羣衆路線或議會路線鬥爭孰重的爭議，本質上也是民進黨內派系策略運用不同並長年相互批判之焦點所在。至於施、許兩位候選人會訴諸以較爲改良式的觀點，則祇不過是爲爭取黨主席更多的中間游離票所作的修辭罷了。

路線爭議　揮之不去

其實，民進黨內部當前的兩大派系新潮流與美麗島，現在似乎誰也不必太過於計較誰較忠貞或較「帶種」；因爲類似這樣的論戰和分野已失去具體意義了。我們看到這些年來該黨派系演變的情況是：新潮流逐漸加入體制，透過選舉動員，藉以宣揚理念；美麗島系在追求執政目標，以選舉總路線爲依歸的同時，也已將頭浸下去，加入獨立建國行列；兩派在各自的信仰理論上固然還振振有辭，但行事準則已然逐漸靠攏，且有相互取暖之勢。特別是當反體制色彩濃厚的海外臺獨聯盟力量伸進島內，隱然形成另外一個政治派系，並直接對民進黨體質和權力造成衝擊的時刻，兩派有關羣衆路線與選舉路線的分野便更加顯得貧乏無力。

民進黨自始就是一個「運動」型的政黨，也是談「運動」談得最多的政黨，創黨五年來抗爭便始終成爲它一切運動的策源地。早期民進黨憑藉各式羣衆動員抗爭運動造成一些便利的條件，也起過相當的作用。舉凡對上層權力機構僵化、老化的批判，對大陸時期延續迄今法紀體制的抵制，對腐敗政風的追訴，抨擊國民黨一黨專制的政治體制和政策等等，該黨都居於先導地位。這段期間，民進黨在臺灣民主改革的奮鬥歷程中，不斷透過羣衆抗爭，以累積政治實力的確發揮其不可忽視的功能。

運動過多　多到擾民

不過運動是有時而窮的，民進黨這幾年一再進行社會動員的結果，雖然破解了國民黨長期對民間社會的支配控制能力，但也無法從介入社運活動中累積到太多政治資源，在各社運團體自主意識相對提高，理念利益有所牴觸的背景下，抗爭逐漸成爲它社會形象負成長的要素。

尤其是民衆似乎覺得民進黨現在所搞的運動委實太多了，可以說已多到擾民的程度，羣衆運動的效果本身既已乏善可陳，卻又徒生嚴重妨害交通，製造噪音，形成民衆反感的種種後遺症；這些，再配合該黨議會黨團議會內從事不脫街頭運動抗爭本質的杯葛喧鬥，便無法不予人一種「胡鬧」的印象。民進黨年來變成「反」字掛帥，動員頻繁，侷限在狹隘反對意義的代名詞，除了祇會從事原始抗爭，追索遙遠的理想，其他則乏善可陳，這樣的感覺，在人們心中可以說相當普遍。

趨近臺獨　令人不安

在過去，支持黨外的人，雖然緣於客觀政治環境的禁忌，大抵不敢明白的站出來，但對制衡力量的擴充發展，一直存有相當的期待，對民進黨的處境也抱予高度同情，但如今同情與期待似乎逐漸消褪了，對於民進黨當前所走的調子與它的發展方向，許多人開始感到疑惑，信賴感明顯下降。最近幾次有關的民意調查都提供了這樣預報信號，像一份新聞週刊最近從事的一份調查報告便指出，受訪者對民進黨的滿意度，已由去年的二成減爲一成四，不滿意度由五成四增到六成。民衆對兩黨不滿意的程度更一直維持在四成以上。

民衆對民進黨的疑慮與不滿不會是沒有原因的，因素也是多重的，有的是組織結構發展的問題，有的是文化素質和政治格局的問題，概略舉其大者至少包括：

——思想行動日漸與臺灣建國運動緊密聯結，黨的發展方向令許多民衆心生不安。

——從事朝野抗爭敵對性和報復性過高，黨不斷薰陶黨員的革命情操與革命氣質，本身民主素養也不成熟，有違正常政治競爭生態。

——街頭抗爭一再動員，令民衆生厭，且迭有批評，而民進黨部耽於此種經久不渝的「征討」遊戲。

——黨的構成主體以閩南人爲絕大多數，疏於兼顧族羣間的思想意識分歧，其地域性和草莽性令「外省人」存有濃厚不安全感。

——黨員從政品德有日趨敗壞現象，成員涉入弊案醜聞者漸多，對於不遵守法紀方面，也常起了極壞的示範作用，嚴重影響其原本道德化的社會形象。

這些因素當然不會是絕對的，但也絕對不僅這些。縱使是這些現象，此刻氣勢正旺的民進黨面對自己年來存在的種種因素亦缺乏反省與調整的能力。這些年來，民進黨除了政治口號愈來愈浸於華而不實之外，還不斷地在不自覺的自憐中矮化自己的角色，它認定某些既定目標路線會有選票，社會必定會予以廣泛呼應，便猛力着鞭。

助長戾氣　妨礙民主

臺灣基本上是一個以中產階層爲主要內涵的社會，民衆在掙脫傳統束縛後，普遍期待變革，追求更多元化的聲音，希望透過翻新體制，以配合急劇變化的社會經濟狀況；因此他們認同穩健政治制衡力量的出現，秉而促成民進黨應運而起的歷史背景。

但是，中產階層民衆同時也是強調政治安定，具有緩和社會矛盾的中堅力量，他們喁喁望治，但也期待能國治天下平。對於現階段臺灣前途，既寄希望於臺灣與大陸維持現狀，讓兩邊從事和平演變；也寄希望在野反對力量能於爭取內部民主化權力交替的過程，循序漸進，不要離開民主法治精神，兩黨爭衡應揚棄清算式的鬥爭本質。

尤其中產階層絕不會贊成兩千萬人民生死相依的陣地，以過於激烈的方式解決內部矛盾，對於眼前社會毫無休止的各式抗爭，則早已深感厭倦，民進黨作爲一個運動家齊聚的政黨，抗爭被視爲其日常固定業務，老是帶頭參與街頭和議會的各式抗爭，導致社會戾氣深重，也就難免構成其民主運動的偏畸發展。

民進黨近年來維持着三成左右的選票，其中有一半是該黨的忠貞羣衆，固定支持黨的立場與臺獨路線。如果民進黨想要執政，則爭取中間選民就是一個必須正式面對的課題，黨的總體路線也要花更多功夫向中間移動，以掌握更多所謂「灰色地帶」的中產階層人士認同。在此認知前提下，民進黨今後祇有別無選擇地全力投身選舉，推動民主體制下的政黨政治，少搞顚覆革命那一套運動哲學，才可能當家作主，才可能獲得多數人民的支持，也才可能改善本身已嫌僵化和固定的外在形象。

形象下降　需要反省

美國東亞問題專家施樂伯月前來臺演講時，曾經說過一句語重心長的話：「一個反對黨學習負責，要比學習執政更加困難。」這句話奉贈給民進黨其實極爲恰當。民進黨以抗爭起家，以羣衆動員作後盾，這在過去一定條件下進行或有其作用，但當前時空條件的轉變，已使此種效益日趨式微，民進黨作爲一個想要掌握歷史動力的政黨，思想作爲便得儘快跳出這種爲反對「口號」而鬥爭的格局，早日祛除民衆對其感到不安的雲翳。

民進黨目前社會形象的下降，它代表一種指標，這種指標可以逼使反對黨去作反省，也是使其過渡到務實主義政黨的必然過程。民進黨應在不斷的自信中增加更多的責任感，應該自期於歷史觀、價值觀和倫理觀等各方面，都要超越執政黨才對。過度地耽溺於教條與抗爭的結果，祇會矮化了自我的格局。同時應該多品味氣勢磅礴的交響詩，放棄迷戀於輕快的小步舞曲，氣質才會有改善；無論如何，這是執政的地步。

八十年九月二十七日

（附載二）陶百川不計譭譽促成溝通

鍾祖豪

今年初以來，因黨外公政會成立分會而引發的黨內外尖銳對立，在五月十日昇高至臨界點。黨外公政會第一個分會——臺北市分會在上午十時成立，而衆所矚目的黨內外溝通餐敍，在中午十二時舉行。經過五個小時的溝通後，雙方獲致三點結論，緊繃的政治局勢，乃在一夕之間，豁然開朗。

這是三十年來，黨內外最具建設性的一次政治對話，而幕後推動這項艱鉅工作的，就是望重四方的國策顧問陶百川。

陶百川在今年春回國後，卽蒙最高當局特別召見，請其促成黨內外的溝通，以紓緩緊張的對立情勢。陶百川以其一貫的熱愛民主，對政局的日趨緊張，也深表憂心，乃毅然肩起此項重任。陶百川的德望及形象，能夠同時獲得黨內外的敬重與信任，在此次雙方的溝通過程中，實扮演了關鍵性的角色。

毅然肩起溝通重擔

陶百川早在四十餘年前，就曾扮演過溝通的角色。抗戰期間，陶百川擔任國民參政會的參政員，並且在國民黨黨團中，從事溝通協調的工作，他的對象是上海去的黨外參政員，包括王雲五、沈鈞儒、史良、鄒韜奮、黃炎培等十餘人。抗戰勝利後，政府爲了保持與各黨各派的團結合作，舉行政治協商會議，陶百川也曾奉國民黨的徵召，與這些黨外人士聯絡溝通。當年的溝通工作，因爲種種因素而終歸失敗，今天的黨內外溝通，陶百川仍然本着坦誠無私的心胸，全力促成。與其說他與黨外有緣，不如說他熱愛民主，數十年不變。

寧鳴而死不默而生

他早年擔任過國民黨上海市黨部的文宣幹部、淞滬警備司令部軍法處處長，民國二十七年擔任國民參政會參政員，其後擔任過《國民日報》社長、《中央》週刊社長、《中央日報》社長、大東書局總經理，抗戰勝利後，在上海當選監察委員。由於身處廟堂，使他對國家政治及執政黨的內部運作，都有深刻的了解與反省。

陶百川的聲望，奠基於監委任內，但譽滿天下，謗亦隨之，陶百川的風骨嶙峋，使他得罪了不少權勢，而他對民主、法治與人權的執着，更使他在黨內承受了莫大的壓力，遭受到無數的攻擊。

在三十年的監委任內，陶百川提出許多彈劾案與糾正案，也平反了許多冤獄，使他贏得「陶青天」的稱譽。其中最爲膾炙人口的，就是對行政院長俞鴻鈞的彈劾案，以及爲雷震案向行政院提出糾正案。另外在孫立人案中，陶百川也表現了辨冤白謗的莫大勇氣。他嘗言，監察委員是風霜之任，須負責澄清吏治，端正政風，厲行法治，申張正義。一個忠實的監察委員，雖因糾彈大官，而不見諒於巨室，然求仁得仁，不必怨天尤人。正如范文正公〈靈烏賦〉中的烏鴉，它是「憂於未形，恐於未熾」，而且「寧鳴而死，不默而生」。

他這種對監察權的執着，自不見容於現實官場，更不爲權勢所喜，在壓力迭至，身心俱疲之下，終於在六十六年辭職引退，隨後受聘爲總統府國策顧問。他的辭職引起海內外的一片惋惜之聲。

雖然他慨嘆「政海險阻，良藥苦口」，但在擔任國策顧問後，仍然一本書生本色，言其所當言，而且他深信有益於國的，一定也有益於黨和當局。他常在報章雜誌上發表其國事見解，爲民主、自由、法治和人權奔走呼號，「叮嚀」再四。他的政論文章，獨樹一格，擲地有聲。他在社會上的聲望日隆，卻也遭嫉於黨內保守派，終因文字而賈禍。

雖遭圍剿不改其志

七十一年三月底，警備總部政戰單位，在國軍英雄館舉行所謂的「圍剿」陶百川會議，對陶百川在《聯合報》發表的〈請善處言論以促進步而維祥和〉，及在《自立晚報》刊登的〈禁書有正道，奈何用牛刀〉二文。認爲是「爲敵人開路，其心可誅」。此事經立委質詢，報章騰載，引起社會的震驚及公憤。最高當局派員徹查後，終於還其清白，並由行政院通知國防部轉飭警備總部「派員向陶國策顧問深致歉意，並將有關人員議處」，風波乃告一段落，而陶百川已受創深鉅。

雖然遭此打擊，陶百川依舊不改其志，這幾年，人在海外，卻仍心繫國內，不時有評論時局的文章在國內發表。今年春返國後，不但提出他對充實中央民意代表機構的方案，而且不避譭譽，積極推動黨內外的溝通，其關心國是之情，表現無遺。

陶百川不論是早期從事新聞工作，中期的擔任監委職務，乃至晚期的受聘國策顧問，一直不改其書生論政、言論報國的立場，他繼承了中國古代士大夫的耿介風骨，也涵泳了西方民主法治的理性精神，使他在言論自由、人權法治等問題上，直言諍諫，不惜得罪當道。他雖然是位忠貞的國民黨員，但他也以坦誠的胸襟對黨外，多年來不斷地呼籲實施政黨政治，爲促進民主政治而努力。他愛國民黨，也愛黨外，更愛國家。

化解衝突不避譭譽

今年已八十四歲高齡的陶公，依然勤於讀書、勤於論述。爲了推動此次的黨內外溝通，更是不畏辛勞，四處奔走。在當前的政治氣氛下，陶公以其超然公正的立場，出而促成黨內外的溝通，使混沌的政局出現新的契機，愈見其國之大老的份量。但他爲功不居，表示這次黨內外的溝通，僅是個開始，未來仍有待雙方以更圓熟的智慧，化解政治衝突，共同促進民主政治的建設性發展。他願意爲這個目標，奉獻心力，以期於成。

七十五年五月十八日

爲臺灣人民應向中共爭意願或爭權利？

（《自立晚報》黃清龍臺北報導）國策顧問陶百川今天上午說，對「臺灣主權」和「公民投票」問題，他並不避諱，他認爲，要把國家統一起來，一定不能忘掉臺灣地區人民的權利，所以他在國統會委員會議中曾建議，把統一綱領所欲建立的「民主自由均富的中國」增加「均權」二字，並主張我國將來應該實施聯邦制，採行均權主義，卽意在爲臺灣人民爭取權利，包括公民投票權以凸顯並貫徹民意。

陶百川指出，在此一認知下，他原以爲國統綱領第四項原則的修改，把「權益」和「福祉」二者合而爲一以替代「意願」，是比較原文明確而有保障的，想不到竟引來部分人士的誤解，令他感到意外與遺憾。

陶百川表示，他在國統會委員會議中曾特別強調，蘇聯今日的動亂，卽因中央過分集權，我國他日如能統一，卽當以蘇聯爲戒而以美制的二元聯邦爲法。因此，加入「均權」二字的意思，就是在預防將來統一後中央專權，以致各省受其壓制和剝削。但因當時無人附議，他不便固執己見。

後來余紀忠委員提出一份事前曾和他討論過的修正案——「應顧及臺灣地區人民的權利、安全與福祉」，他卽要求大家接受。當時他還說，不必隱諱「臺灣主權」和「公民投票」，將來我們可能要利用這些權利，爲臺灣和蒙藏港澳也爲大陸各省的人民在統一中國的體制中爭取適度的「主權」和政權，以防止中央政府的專橫、壓制和剝削。

陶百川說，他一貫認爲，國家乃爲人民而存在，主權必定是屬於人民、地方的，祇是因爲有成立國家的必要，才分一部分權利給中央政府。因此，凡是沒分出去的權利都是屬於人民、地方的。將來中國統一，如果不能讓這種均權制度化，卽使民主化了仍會因中央集權而留下很大後患，所以他才認爲，不論是「臺灣主權」、「公民投票」或選舉委任代表，都是表達民意、爭取安全和福祉的必要做法。

八十年二月二十七日

政黨法的立法問題

准許人民組織新黨，似已成爲朝野的共識。但對政黨的規範問題，是訂政黨法抑或修改人民團體組織法，增訂政治結社條文，似乎尚有爭議。我以爲應訂政黨法。

我的最大理由，是一般人民團體都須歸內政部和省縣市政府監督，而政黨或所謂政治結社，我以爲應歸中央選舉委員會監督（該會當然尚須進一步地民主化）。內政機關沒有該會的地位和權威足以負起監督責任並得政黨和人民的信任和悅服。因爲對政黨的監督職權包括准許或不准許某一新黨的設立，必要時且須予以解散，自非政府一個部所能勝任。

而且與擁有二百萬黨員的國民黨相比較，國家似可要求新黨須有一、二十萬黨員方得成立。而一般人民團體則有數十百個會員就可設立。

此外，對政黨或政治結社的監督，國家自必尚有其他要求而爲一般人民團體所可免除者。有人或以爲凡此特殊條款都可在人民團體組織法中另立一章。然則何不乾脆另訂政黨法呢！

至於那個政治結社的名稱，我以爲乾脆就叫「政黨」。在國內外潮流的衝擊下，醜媳婦最後還須與公婆見面，然則何必「猶抱琵琶半遮面」，那不是太不大方和務實麼！

七十五年十月四日

從「四不」到「四絕」

本年三月二十日，是老友張季鸞先生的百年誕辰。這次紀念他的百年誕辰，大家傳誦他的「四不」守則：不黨、不賣、不私和不盲，他也確能躬行實踐，令人欽敬。

這使我聯想到孔子的「四絕」或「四毋」，也應爲新聞記者所信守，也許較「四不」更爲難能可貴，但爲那時我們所共勉。

所謂「四絕」，依據史記，「孔子……絕四：毋意、毋必、毋固、毋我。」

何謂「毋意」？依照何晏集解：「以道爲度，故不任意也。」把它用之於報導新聞或發表言論，新聞記者必須尊重事實和證據，而不應以「意」想作爲事實或以「意」識作爲證據。於是「有聞」未可「必錄」，而應先問是否確是事實，這就須看證據了。

所謂「毋必」乃是「用之則行，舍之則藏，故無專必。」在新聞和言論方面，有時難免須推理或預測，但不可堅持「必將如此」或「必須這般」，那就會失之於武斷。

「毋固」，可解作「無可無不可，故無固行也。」用之於新聞學，是說不可有成見，更不可固執己見，自以爲是，而須順勢務實，求其至當。

「毋我」：「述古而不自作，處羣萃而不自異，唯道是從，故不有其身。」在孔子的四毋中，毋我最難。因爲無我方能無私，而「私者亂天下者也」；「有私視也，故有所不見也，有私聽也，故有所不聞也」，（管子），請容我續加一句，有私思也，故有所不知也。

總之，爲社會辦大眾傳播事業，應爲大眾謀利益，那就應做到正、大、公、明，而着手的對象，應該就是毋意、毋必、毋固、毋我。

報禁三反‧「無奈」三嘆

首次請求監院查詢

早在民國四十九年七月，我以監委身份在監察院院會呼籲政府立卽解除辦報的禁令。我要求政府解釋准許英文中國日報發行報紙是否卽爲辦報禁令的解除。

我在監察院第六三〇次院會提案指出：「最近對開英文中國日報之出版，是否卽係主管機關對於新聞紙登記禁令之解除，擬請行政院就後列查詢事項卽予查復，以便處理。請討論案。」

查詢事項共四點如下：

「㈠依據中華民國憲法第十一條之規定，人民有出版之自由。又據出版法第九條之規定，新聞紙經發行人塡具登記申請書，呈經該管縣市政府轉呈省政府核定相符者，應卽准予發行。而此項登記手續，各級機關均應於十日內爲之，並不收費用。準此規定，各級主管機關辦理新聞紙之登記，在程序上不得任意拖延，在實質上不得橫加挑剔。出版法此項規定所加於政府之限制，實大於對人民。現在主管機關以行政命令根本堵塞新聞紙登記之路，似與憲法及出版法保障新聞自由之規定均屬不合。不知行政院以爲何如？

「㈡政府暫停新聞紙之登記或係根據國家總動員法第廿二條憲法授予之權力。按該條規定：『本法實施後，政府於必要時，得對報館通訊社之設立、報紙通訊稿及其他印刷物之記載，加以限制、停止或命其爲一定之記載。』查此項規定，有一極重要之先決條件，卽條文中之『必要時』三字。此蓋謂如無必要，或以前雖有必要而後來已無必要，政府卽不得停止報館之設立及新聞紙之登記。不知政府當局現尚認爲有停止新聞紙登記之必要乎？此必要之理由究何在？

「㈢聞民國卅九年政府停止新聞紙之登記，乃以節省紙張爲理由，此或卽國家總動員法第二十二條規定之所謂『必要』。然十年前之理由，目前尚有存在之餘地乎？

「查本省紙張之生產量，三十九年度僅爲一萬七千公噸，而四十八年度已增爲八萬五千公噸，其增加率爲百分之四百強。不獨已敷本省之需要，且有輸出之餘力。故爲節省紙張而杜絕新聞紙之登記，貽人以妨害新聞自由出版自由之口實，不獨不能自圓其說，抑且得不償失。不知行政院有同感否？

「㈣此次主管機關准許原爲通訊社新聞稿之英文中國日報以新聞紙公開發行，就法律效力論，自屬新聞紙登記發行禁令之解除。此卽政府認爲紙張已無過分節約之必要，亦卽政府認爲十年前依據國家總動員法第二十二條停止報館之設立，目前因事勢變遷已超越『必要』之限度，故特予以修正或撤銷。如果如此，洵屬吾國之光，對內對外必可產生良好之印象及效果。（登記開放之後，如有不合規定之新聞紙聲請登記，主管機關自可依法批駁，出版後尚可依法管理，故毋須過慮）。不知行政院以爲然否？」

堅持報禁背時背理

我又提出口頭補充，指出香港工商日報本月九日的社論和臺北聯合報的社論，對於取銷辦報的禁令都有評述，我並將工商日報社論要點和聯合報社論在院會中宣讀。

我指出一項記憶猶新的教訓，即今年三月在東京舉行的國際新聞學會拒絕了我國幾位記者的入會申請。國際新聞學會所持的理由是我國在新聞自由方面尙待努力。其後並派該會秘書長來臺實地考察，該考察報告已刋在六月份的國際新聞學報。

我指出，去年在美國訪問時，國際新聞學會也有過調查報告，對我們有很不利的批評。

我說，我想起一個故事：今年三月間，大韓民國公報處處長曾告訴新聞記者說，韓國公報處已擬訂一項辦法，將辦報的禁令撤銷，正在徵求其他有關機關的意見。但事隔十天，這位公報處長被當時的總統李承晚撤職。可是李承晚接着也垮臺了。

我說，世界上各民主國家，辦報都是自由的，大部份國家是採「自由主義」，即由辦報人自由辦報，出版報紙後由政府依法管理。這叫做「通知主義」，由辦報的人向政府通知一下就行了。另一種就是韓國和我國仍在實行的「許可主義」，須向政府登記經核准後才能辦報。

我指出：我國有一大堆管制報紙的辦法，不怕報紙爲非作惡，所以政府不必禁止辦報。政府禁止人民登記辦新報，實是得不償失。現在可以說，限制出報的禁令已因英文中國日報之出版而解除。政府應採明智作法，趁今日英文中國日報出版之後，向世界宣告業已取銷辦報禁令。

我指出：不獨是別的國家沒有禁止辦新報，卽中國過去也沒有禁止新報的登記。

最後我特別聲明，過去雖然也辦過報，但都是公報或黨報，今後不想辦報，因此我提到這個問題，絕無私人打算的成份在內。

經我口頭補充說明後，院會卽一致通過送請政府查覆。

政院覆稱並無報禁

行政院對我所提對新聞紙登記之查詢事項，經交據內政部查明，答復如次：

「一、關於新聞紙之發行登記，由發行人於首次發行前向主管機關申請登記時，如合於現行出版法第九條規定之登記要件，而其發行人或編輯人又無同法第十一條規定各款情事之一者，主管機關自應依法辦理。惟臺灣現處戰時環境，政府措施，不得不審量實際需要及經濟原則。就新聞紙登記而言，依現行出版法施行細則第二十七條：『戰時各省政府及直轄市政府，爲計劃供應出版品所需之紙張及其他印刷材料，應基於節約原則及中央政府之命令調節轄區內新聞雜誌之數量』之規定，對報紙雜誌通訊社之登記聲請，予以審核，自為事實所必需。但此非堵塞新聞紙登記之路。事實上經主管機關先後核准登記之報紙計有徵信新聞、英文中國郵報、青年戰士報等，可資為證。另一方面，政府對已發行之報紙，則採取扶植政策，以維護公民營報業之發展。再從新聞紙之言論來看，目前臺灣各種報刊所為之評論，無論支持政府者或批評政府者，均有充分發表之自由。

「二、依據國家總動員法第廿二條規定，政府於必要時對報館通訊社之設立原可加以限制、停止。但至目前為止，政府尚未援引此項條文，發布命令。

「三、臺灣全省現已有公民營報紙廿八家，就臺灣之人口與面積而論，原已足供社會需要。且現有各報之發行數量與國際間之正常比例較之，均瞠乎其後，新報之增加，將使現有報業益難於維持及謀求發展。此對新聞事業本身固屬不利，即就國家言，值茲萬方多難，物力維艱之際，以大量紙張供應於並非必需之用途，亦不經濟。臺灣過去白報紙產量之不敷供應，亦為事實，近年來紙張產量固有增加，但可供外銷。在政府立場，無論基於安定社會經濟之需要與適應戰時節約之原則，更不能不審度社會各種情況，統籌兼顧。

「四、政府准許英文中國日報之登記，係根據此間外僑需要新聞報導之事實。臺灣外僑逐年增加，現已達二萬七千餘人，對於新聞供應，至感切要。中國英文郵報即基於此一需要，由主管機關核准其發行。但中國英文郵報在上午出版，下午新聞之供應，向由英文中國日報以通訊稿之方式擔任之，十年來從未間斷，每日稿紙篇幅及內容不下於一個報紙，在國際間早已引用其新聞與言論，主管機關核准其申請，改爲報紙發行，完全基於事實之需要，且於對外宣傳亦有裨助。」

第二次案予以糾正

我對行政院的答覆認爲理由牽強，經民國五十年四月向監察院二次提案，請求糾正。案文如左：

「奉讀行政院對本院所詢關於政府當局限制新聞紙登記問題之覆文，藉悉政府依據國家總動員法第二十二條規定，本得於必要時對報館通訊社之設立加以限制，但至目前爲止，並未援引該項規定發布限制之命令。行政院此項審愼之態度，自甚合理，良堪稱頌。

「但行政院覆文又謂：『依現行出版法施行細則第二十七條之規定：『戰時各省政府及直轄市政府爲計劃供應出版品所需之紙張及其他印刷原料，應基於節約原則及中央政府之命令，調節轄區內新聞紙雜誌之數量』，政府對報紙雜誌通訊社之登記聲請，予以審核，自爲事實所必需，但此非堵塞新聞紙登記之路』。此卽謂：第一，新聞紙登記之路，並未堵塞，人民仍得爲新聞紙發行之登記；第二，但政府得本於節約紙張及其他印刷原料之理由，對前項聲請予以批駁。行政院覆文對此加以申論：『値玆萬方多難物力維艱之際，以大量紙張供應於並非必需之用途，亦不經濟……在政府立場，無論基於安定社會經濟之需要與適應戰時節約之原則，要不能不審度社會各種情況，統籌兼顧』。行政院未依國家總動員法頒布全面停止新聞紙登記之命令，而以節約紙張爲理由在出版法施行細則中規定予以部份之限制，其用心自當爲國人所共諒，但與法律及事實究嫌未合。請申其說。

「夫吾國對於新聞紙之創設既採登記主義，政府對於新聞紙登記之聲請，自係可准可駁，但因事涉出版自由或新聞自由，爲憲法所保障，其批駁或限制，必須依法辦理，易言之，其理由必須有法律上之明確依據，否則不獨違法，抑且違憲。此爲吾國憲法第二十三條所明定。查出版法關於新聞紙登記之限制，已以第九條（關於登記必須聲明之事項）及第十一條（關於發行人及編輯人之限制）爲明文之規定，此外並無得以節約紙張爲理由而不准報紙登記之條款。且出版法施行細則，並非憲法第二十三條及第一百七十條所稱之法律，該細則第二十七條授權各省市政府得以紙張節約爲理由批駁新聞紙登記之規定，在法律上復無絲毫依據，是直以行政命令限制及妨害人民之出版自由或新聞自由，自爲憲法所不許。

「即以節約紙張一事而論，此在民國四十一年修改出版法施行細則時，吾國紙張產量年僅二萬三千四百七十三公噸，似尚有節約之必要，但去年產量已增至九萬七千二百六十八公噸，不獨不憂供應之匱乏，而因年來外銷不暢，生產且已過剩，紙業多岌岌可危。故以節約紙張爲限制新聞紙登記之理由，即捨憲法而論事實，現因情勢大變，顯亦不能成立。

「茲請進一步推論國家社會對於新聞紙之需要，以說明限制新聞紙登記措施之不當。查行政院來函雖謂本省已有新聞紙二十八家，然其發行總數與人口之比例，則每千人僅有新聞紙四十餘份，而英國則每千人有新聞紙五百七十餘份，瑞士則有四百六十餘份，盧森堡則有四百二十餘份，芬蘭則有三百二十餘份，香港文化程度較遜於本省，然每千人亦有新聞紙二百餘份。證以此等實例，本省新聞事業不獨有發展之可能，抑且有加速發展之必要，而區區之紙張節約，較諸社會新聞事業之發展及國民知識水準之提高，誠所謂微不足道者矣。

「基於上述理由，作爲束縛新聞事業及限制出版自由主要依據之出版法施行細則第二十七條，與憲法相牴觸，與事實相悖謬，不應任其繼續有效。似可由院會交內政委員會研究處理。」

監察院接受我的提案，向行政院提出糾正案，要求開放新聞紙的登記——讓人民自由辦報。

行政院五十一年四月六日臺五十一法二〇八二號函覆：

「一、前准貴院五十年九月廿日(50)監臺院機字第一七八五號函，爲糾正政府對於出版品之限制以紙張節約爲理由，依出版法施行細則第廿七條之規定辦理，有背憲法之精神，且事實上亦無此必要，囑查照辦理見復一案。除令飭內政部具復外，並於五十年九月廿六日先行函復在案。

「二、茲據內政部呈：略以關於出版法施行細則第廿七條之規定，當時因紙張供應缺乏，節約用紙，確有必要，目前正研究改善中等語。除飭注意研討改進外，相應復請查照爲荷。」

三次提案不了了之

糾正既無效，我乃於五十二年十一月再向監察院院會提案請求作第二次糾正，務須促其改善。提案原文如下：

「吾國前因紙張及其他印刷材料之產量不足，爲節約起見，曾在民國四十二年及四十四年先後由主管機關限制新聞紙之增加篇幅並停止新聞紙之開辦登記。本院後因鑒於紙張及一般印刷材料已因增產及滯銷而過剩，前項限制顯無必要，曾於五十年九月由內政委員會向行政院提出糾正案，促其廢除該項限制。旋經行政院覆稱：正由內政部研究改善中。但迄今限制如故。現在本省人口急劇增加，社會對新報之需要，亦因而逼切，且因各報廣告增加，新聞版面因而相對減少，報社既感篇幅拮据，讀者尤覺新聞太少，前項停止新聞紙創辦登記及限制篇幅之措施，目前更有廢除之必要。但內政部對本院糾正案迄無改善之意，自屬不合。應請交內政委員會查明糾正並報院會。是否有當，請討論案。五十二年十一月」

內政委員會討論後不了了之。

國會改造理勢衝突

改造國會的五年計劃

——在《時報新聞》週刊座談會講話

我在此提出一個「調整體質、改造國會」的五年計劃，此五年，自現在開始，到八十一年結束。

民國八十一年，三個國會機構都將改選，除了立法委員因增額立委任期三年，兩年多之後即將改選一次外，國民大會代表及監察委員都是六年一任，去年剛選完，要到八十一年才滿法定任期。我的意思是，要改造國會，不宜在八十一年以前完成，當然更不能拖到八十一年以後。

八十一年，正好是三個國會同時改選的一年，若不就改造國會做重大改革，將無以對國民交代；而如果在這之前要以改選的方式完成，則因增額國大代表及監委任期未滿，中途改選會牴觸憲法，也違背民意對他們的付託，而且要資深委員退出，也很不易，但五年以後情勢不同，改造就較容易了。

因此，我的五年計畫看似一鳴驚人，其實意思非常明白，而且是理所當然的。但不知我的構想，是否能使在座的朱高正委員滿意，恐怕他不得不滿意，因爲已經沒有其他選擇。

首先談資深民意代表的退休制度，假如能建立退休制度，資深民代都退休，這個問題似乎當然就獲得解決，但事實是如此嗎？並不是。要資深代表退休，事實上可能辦不到。

我在十三年前離開監察院的時候，多少中央民意代表對我大加責備。他們駡我自命清高，並說假使大家都引退了，法統靠誰維持。我請他們不必焦急，我用二句古詩寬慰他們：「人人都道休官去，林下何曾見一人？」很多官在朝時，都說不想作官，要退隱山林，但是在山林裏面，究竟有誰眞的辭官不做而退隱呢！

我也力勸他們要留下去。我說：「有你們在，法統可以繼續，即使走掉幾個人也無妨呀！」我還說，如果我當的是國大代表或立法委員，或許我就不會退，但不幸做了監察委員，我實在負擔不了，所以非退不可。好在現在補充了許多增額監委，人力充沛，我可以安心地離退了。

退休不易三大難題

由我的經驗足見，退休實在不易。退休可分爲兩種：一是強迫退休，一是自願退休。前者我想大概沒有人敢提。有一次，一位自外國回來的學者對這個問題很熱心，他說只要蔣總統決定要資深中央民意代表退休，就應該可以行得通，我告訴他，事情沒那麼簡單。這涉及三點：第一是權力，這關係個人權益，退休後卽使他們做資政或國策顧問，不必開會，不必按時辦公，但他們也就沒有了權力，自然會不甘寂寞。第二是待遇，總統府資政的待遇只及立法委員的三分之二。第三是個人的責任感、使命感。據我了解，許多資深委員和代表平時對名利相當淡泊，但是，當一談到退休問題，他們都不願意。他們之中不少人存著「維護法統」、「保護憲法」或「反共復國」的「使命感」。

我還告訴這位海外學者說，就連蔣總統也不能要資深民代一律退休。

蔣總統任行政院長期間，曾經接受許多人的建議——我亦是其中之一，請政府考慮，年滿七十歲中央民代的退休制度。聽說中央曾加以討論，最後結論硬是：「不行」。結果當時的蔣院長便放棄了這個構想。

至於自願退休，那更太過理想了。我聽說執政黨一位中央常務委員有一構想，滿八十歲就應退休，我認爲可以試試。他的意思是訂定分年退休制度，給予提前退休者很好的待遇，現在不退休者到了八十歲則要強迫退休。但政府與執政黨若眞要這麼做，可能要花極大力量，而反對派仍照樣反對。

所以，退休制度我認爲很不現實，只能在退休以外，想些別的辦法，我所提的五年計畫，可能是最現實的。

立院改造補充計畫

但對立法委員，我得加上一個「但書」和補充辦法——資深立委依舊可以留著，但爲了使本土代表性增加，我建議兩年後的選舉，要大量擴充增額立委的名額，假定現在有一百位，希望下一次選舉一舉選出二百名，增加一倍。這二百個名額同資深委員名額比較，人數固已超過，力量也就強得多，屆時立法院的本土代表性和議事效率都會大大增加，不致因資深立委的存在，而影響到增額委員和整個立法院的功能。

所以就立法院而論，五年計畫要分爲兩個階段，第一段是兩年後，大量增加增額委員人數，到了第二階段，五年後，假定委員的法定上限是三百位，就選出三百位，不再稱爲增額委員，亦非第一屆委員，而改爲第二屆委員，屆時，不管資深委員願不願意，我想都已不成問題了。

最後，這個五年計畫，必須先與各黨各派和社會人士溝通協調，獲得共識，並須在今年底取得協議後立卽宣佈，以息爭議。而因三個中央民意機關中最重要的立法院，兩年後就會加入二百多名新增委員，則新進人才鼎盛，民主基礎擴大，議事效果增強，大家應該可以滿意了。

而且我們已等過四十年，而資深代表和「四十年國會」也有一份苦勞和功勞，如今面對改造有期，好事成眞，我們爲了團結和諧，就不能再等兩年到五年麼？就必須吵吵鬧鬧，以阻撓民主改革的順理進展麼？黃臺之瓜不堪再摘了！

國大應有大陸代表

至於談到將來國會的結構，大家所最關切的，乃是大陸代表問題。我主張國民大會應有大陸代表，這與我多年來所以鼓吹臺灣地區的增額選舉和增額代表，都是因爲特殊的國情。增額代表非有不可，海外代表非有不可，山地代表也非有不可，大陸代表何獨不可有！所以我不得不用多年推動增額選舉的識見和勇氣來主張大陸代表制。我可以舉出很多理由，主要包括下列三點：

第一、國民大會是中華民國全國性的政權機關，乃是法統之所寄，它的代表必須表現出全國性，而不能讓人指爲它是只有臺灣省代表的地方議會。

第二，如由普選產生，鑑於臺灣省議員七十餘人中，本屆只有二名大陸人，上屆且僅一人，將來在國民大會代表中未必會有適當的大陸代表人數，則大陸人自必大失所望，而大陸人對臺灣畢竟曾作出重大的貢獻，今後也尚須使他們心安理得，樂於爲臺灣共同造福。

反之，大陸人如果不能在政治上得到臺灣人的照顧，本該保持全國面貌的國民大會也變爲清一色的地方議會，則中共將會有怎樣的想法和反響？大陸同胞將會怎樣失望？

所以如果保障大陸人能有一百餘人作代表（假定總額的三分之一），對於在臺灣的、大陸的和海外的大陸人將會發生很大的鼓勵，對中共的統戰也會產生反制作用。然則我們何須吝惜這一百多的國代名額呢？謀國之忠和愛鄉之法應該是那樣的鄙吝和短視麼？

但我最關心的還不是以上兩點，我是爲着保護中華民國憲法，特別是它的第一條：「中華民國基於三民主義，爲民有民治民享之民主共和國」。因爲如果主張「臺獨」，就必須撕毀這部憲法，那將是中華民族的大不幸。我們所以千辛萬苦地反共，也是為的保護這部憲法。而如果有三分之一的大陸代表，理論上便握有修憲的否決權，則三分之二的代表不容易以修憲去毀憲。

立監兩院另當別論

基於這個原因和理由，我所以不主張立監兩院也須有大陸代表，因為他們與修憲和法統畢竟並無直接關係。

有人以為保障大陸人的大陸代表制會引起本省人的反感，加深省籍界限，所以不可行。但我以為比之於不設大陸代表的不利，這個顧慮乃是微不足道。而且淡化省籍界限的最好辦法就是多數照顧少數，使少數安心，於是全體方能安全，而不是忽視或輕視少數，使少數不能安心。

至於大陸代表的產生方法，我今天不能詳陳，但只要原則成立，方法不愁沒有，容再商討。

七十六年八月十三日

務實是爲務本・充實便於改造

我首先就今天座談會的四個討論題綱，分別很簡單地表示我的看法。

首先是如何充實國會，強化憲法功能？我認爲只有全面改選國會，才能使憲法功能充分發揮。但是這個問題牽涉複雜，我後面會另作補充。

其次是應否建立國會退休制度？當然可以，我過去也鼓吹過建立退休制度，但是沒有什麼用處，因爲沒有一種退休制度可以強迫資深委員或代表退下去。

再其次是應否設立大陸代表？我認爲國民大會應該設置大陸代表，但立監兩院則不需要，因爲立監委員行使職權的對象，限於自由地區，與大陸地區一點關係都沒有，所以立監兩院不必設大陸代表，而國民大會則有必要設置大陸代表，表現它的全國代表性以及保護現行憲法不讓它輕易地變質。

至於如何設大陸代表，我還沒有想出一個最合理也最能爲各方接受的辦法，但國民大會應設大陸代表的觀念，已能爲各方所認同，這與國家前途很有關係。

最後一點是如何建立議會政黨競爭的合理規範？現在修訂中的人民團體組織法，規定還不够合理，不够充實，所以我一貫主張應訂立政黨法，來規範政黨的競爭與政黨的合作。

以上我很簡單地對這四項討論題綱，提出了我的看法，對於第一個問題，我還有一些意見，要補充說明一下。

要如何充實國會，強化憲法功能，無論是就情、理、法而言，均應全面改選。但這是一個政治問題，政治問題有時候是講力，而不講情理法的。政治講力量，有一分力，說一分話，目前的權力中心在執政黨，而執政黨只想充實國會，不想全面改選，因此國會全面改選行不通。

政治問題除了力量的因素外，還要講究方法，才能行得通，所謂「政通人和」，這是一種政治藝術的最高境界。我也是很講方法的，我對於如何充實國會，曾作兩個建議，一個針對立法院，一個針對監察院及國民大會。這是因爲立法院的增額委員三年改選一次，監察院及國民大會六年改選一次，他們的任期，既不能任意延長，也不能任意縮短，因此不管是全面改選也好，是充實也好，立法院的部分，應在二年多以後增額立委任期屆滿時進行，監察院及國民大會則應在五年多以後進行，提前或再延，都不妥當。

執政黨既不想全面改選，多數資深委員及代表也不願將權力交出來，因此只有擴充增額代表的人數。

在立法院方面，兩年後改選增額立委時，其人數應比那時的資深委員人數多一人，假設兩年後的資深委員是二百人，則增額委員應選二百零一人，較現額增加一倍。

這項建議的理論基礎，一是考慮到代表性的問題。資深委員的選民在大陸上，眞正有本土代表的還是增額委員，如果增額委員人數能比資深委員多一人，代表性就比較充分了。

其次是考慮到議事功能的問題。國會老化必然影響議事功能，如果能有大批新的年輕的增額委員進入立法院，必能強化議事功能。

第三是考慮到新生代參政意願高漲的問題。長江後浪推前浪，年輕人參與意願日趨高漲，不能不重視，擴大增額名額，可以滿足新生代的參與意願。

這一充實方案有一點缺失，就是要花費比較多的經費，因爲一方面要養增額立委，同時又要養資深立委。不過，如果花一點錢而能夠解決問題，使本土代表性增加，議事功能強化，則多付點代價還是值得的。

至於監察院及國民大會方面，充實或改選的時間在五年之後，其具體的辦法不妨等立法院試過之後，再來研究。因爲五年以後情勢的變化可能很大，誰也不敢預料，現在提出解決辦法，似乎言之尙早。那時情勢不同，全面改選又望順理成章，不致像現在這樣困難了。

七十六年十月十一日

（附載）臺灣解嚴後的國會重整——陶康模式

邱垂亮

政治是「權威性分配價值」的人類社會活動。實際政治則常常是「可能的藝術（art of the possible）」。理想主義的政治（politics of idealism）出發點像大多數的宗教一樣常常充滿崇高的理想和迷人的色彩，又像大多數的意識形態一樣容易變成不切實際，不可能實現的烏托邦，甚至是激情的革命主義或極端的保守或反對的「絕對基本主義（fundamentalism）」。

人沒有理想主義就不能有創新、有進步。但是人的事情，尤其是政治的事情，大部分還是日日常常、平平凡凡、實實在在的東西，沒有絕對的對，也沒有絕對的錯，沒有絕對的好，也沒有絕對的壞，沒有絕對的完美，也沒有絕對的缺憾。尤其是民主政治，更常常是有對有錯，有好有壞，有種種缺憾與妥協，有取有給的價值分配運作程序。

很少實際有效的民主政治可以容納極左的共產主義或極右的資本主義，當然更不可以同時容納極左的共產和極右的資本主義。

極端主義的必然式微

同樣地來看臺灣七月十五日解嚴以後的政治發展，假如大家都同意，開放、革新、民主、現代化是大部分臺灣人民認同，認爲是這個政治發展必走之路，反共愛國陣線和國民黨極右派的「唯我忠黨愛國，他人都是離經叛道，都在叛黨叛國，都非殺不可」的意識形態政治心態，和反對與民進黨極左派的口口聲聲是只有羣眾路線、羣眾運動、暴力邊緣革命性的行動才能推翻國民黨政權，才能讓臺灣人民「出頭天」當家作主，兩個極端，不管含有多少「自我眞理（self-righteousness）」、甚至迷人的理想主義，都實在不符合臺灣解嚴後的實際政治發展情況，也不符合大部分臺灣人民的政治心向和期待，更不符合臺灣民主政治有效實質創建的發展程序和需要。

可能的藝術

他們有權利在民主憲政的原理原則下追求他們的理想主義，推展他們的政治活動，但是明顯地他們一定越來越沒有人民的認同和支持，越來越脫離臺灣民主政治的發展主流，他們兩極極端化的政治魅力、吸引力和影響力一定越來越小。所以，他們不可能有太遠大的政治前途。

所以，環看這幾天國內外風起雲湧的解嚴革政言論，既不在國民黨之極右又不在民進黨之極左的陶百川和康寧祥兩位民主政壇長青樹的一些國是評論和建言，聽起來雖然溫和安穩、平淡中庸，還是實在最切中時弊，最扣緊臺灣民主政治的發展脈搏、最可能民主政治地落實實踐，實在最暮鼓晨鐘，最值得臺灣人民、領導精英和社會大眾細聽深思，認同接受。

陶百川的國會

解嚴後臺灣一片歡呼期望聲中，雖然大家都明確瞭解這只是一個「再出發、再改革」的開始，臺灣的民主政治前途還崎嶇難行，困難危機重重；但是，大家對「回歸民主憲政，重整法律秩序，創建政治公道」的基本民主認識和肯定，相當一致、相當切確、相當堅定。還有，大家也基本上同意，要達到上述政治革新的三大目標，「好的開始是成功的一半」的第一大步無疑地是立法重地國會脫胎換骨的重整重建。沒有一個民主重創、富有民主立法（甚至立憲）能力、活力、毅力和大智、大勇、大有爲的新國會，其他一切再高再好的改革理想和目標全部免談，都一定不可能落實實現。

在這個最關鍵性、起步性的國會重整問題上，看遍各方神聖提出的各種理論方案後，我初步認爲，極右的法統主義（老委員的「唯我法統論」和極左的全面一人一票直接普選主義，都屬可望不可及意識形態理想主義的政治譜位。理想地，我也希望臺灣國府的國會全面改選，由臺灣選民一人一票地直接投票選出全新的四百位國大代表，二百位立法委員和七十位監察委員（不由省市議員選出）；但是，實事求是，「政治是可能的藝術」地來看，我知道這個理想模式目前甚至可預見的將來都沒有實現的可能。

所以，我很高興看到國民黨黨國元老、總統府國策顧問陶百川的苦口婆心，深思熟慮的建議：

一、增額立法委員兩年後就要改選，而增額國大代表和監察委員的改選則在五年半以後，急其所急，我主張先解決立法委員問題，四年後再考慮國代和監委問題。

二、准許資深立委繼續行使職權，但同時必須大量增選增額委員以增加其比重，例如在下次選舉時把增額委員增加一倍，共選二百名。那時資深委員必已少於此數，即使任其共同行使職權，增額委員自必超過他們（資深委員）的人數和實力，並具充分本土化的代表性，以發揮議會政治的功能。

同時，政府也可鼓勵資深委員自願離退。以我爲樣本，如能給以更好的禮遇，很多人會自動求去。

三、規定三個中央民意機關構成分子的總額，例如立委三百人，國代四百人和監委七十人，或少於此數，在五年半後再辦選舉時一律選足。不管資深代表那時是否在位，新選代表一律改稱爲第二屆。

康寧祥的雙選制

之後，馬上又高興地看到民進黨創黨元老之一康寧祥立法委員不謀而合的說法：

至於中央民意機構的全面改選，時間的長短可以商量，發展的方向則必須先行確定。個人主張在資深委員部分，應制訂退休制度，讓有意退休的老委員得一管道，而不退休的委員則聽任其自然淘汰。至於改選部分，則以兩百名爲標準，並採取雙選票制度，其中一張是選候選人，名額爲全部的三分之二，另一張是選政黨，名額佔三分之一，由各政黨先行提出名單，依得票數比例選出。雙選票制度具有兩項優點：其一，外省籍無本土基礎者可以獲當選機會；其二，具有政治能力，卻無羣眾魅力，或無金錢支持者也有參與國是的機會。

據我瞭解，以色列國會全部是依選政黨制選出；澳洲眾院是以選候選人方式選出，參院則上述兩制同時使用但基本上以前者爲主地選出。都相當民主地公平公正。

陶百川主張保留國大代表的大陸代表席次，我則以爲大陸、婦女、職業團體、海外遴選等席次的保留，都已失去民主意義，都不應再維持。國大、監委、立委都可以採用相當程度的選政黨制，國民黨、民進黨和其他政黨爲了代表全民政治、爭取全民支持，就一定要網羅各省各界、各行各業、男女均衡的代表人物，列入順序排列的候選人名單，方能取得大部分選民的選票選入國會爲民服務。這是一個經政社會多元發展民主政治多元化必然的結果。在這個多元政治正常運作下，大陸、婦女、職業團體（甚至海外僑胞）的代表席次一定可以合乎民主政治原理原則「自然地」保留下來。

強制制度化地製造特殊選民、特殊選區和特殊代表，只會製造特權、分離、矛盾和衝突主義，一定違反民主憲政政治公道的追述義理和創建目的。

成功的第一步

雖然過去曾經有人圍剿陶百川，黨外新生代曾經推動批康反康運動，極右與極左都不喜歡這兩位溫和但也堅毅的民主政治人物；但是平心靜氣、實事求是、深思熟慮地環視臺灣解嚴後「百花齊放、百家齊鳴」的各方論政、諫政的言論說詞，我必須理性公道地評說，陶康兩氏的國是建言最中肯、最適切、最可行，最符合臺灣目前民主政治落實發展的情況和需要，最值得國民黨和民進黨領導精英、忠實信徒，以及一千九百萬臺灣人民的重視關懷、考慮接納、推展實踐。

我相信，這一步成功地邁出的話，臺灣民主主義的再出發、再革新，就有了一個好的開始，就一定可以事半功倍地踏向回歸民主憲政、重整法律秩序，創建政治公道的康莊大道。不知，關切臺灣民主政治發展的有心人能同意否？（一九八七年八月一日）

本文作者係澳洲昆士蘭大學教授

面對新挑戰・重振監察權

七十五年元月十日的監委選舉，選出了臺灣地區的二十二位增額監委，也「選」出了許多話題。賄選如何防止？限制連記法的選舉制度應否變革？監察院功能如何提升？都是各界所深切關心的問題，而這些應該如何改進呢？本刊特別邀請了曾任監察委員、望重士林的國策顧問陶百川，對監察制度有專研的臺大教授胡佛，監委選舉人、並且實際參與執政黨輔選的臺北市議員郁慕明，以「面對新挑戰，重振監察權」為題，舉行公開座談。(時報新聞周刊記者)

我離開監察院已經十多年了，這十多年來從來沒有公開演講，一方面是我已經不當民意代表了，另一方面是我今年已經八十五歲了。今天如果不是時報新聞周刊年輕記者的誠懇邀請，我是不能破這個例的。

今天座談的題目我看了非常興奮，但是仔細研究了後，我恐怕要說的會讓各位失望，因為新挑戰是很厲害，但監察權能不能重振，卻是很大的疑問。即使今天有三十多位新委員加入，我還是很悲觀的。但國家不能沒有監察權，而且面對新挑戰，監察權顯得愈重要，因此我還是挖空心思去想怎樣來發揮監察權。

行使監察權的困境

爲什麼我那樣悲觀，因爲爲政在人，人首先就是個困難，第二是有好的人選，要讓他產生出來也很困難，而好的人選當上監委後，要發揮功能，也很難有一個可以讓他發揮的環境。

理想的監委，至少要有童子軍的「智、仁、勇」。「仁」是愛、是守信、愛人民，特別是愛那些貧窮受欺壓的人；「勇」是要有「富貴不能淫，威武不能屈，貧賤不能移」的勇氣；「智」比較不重要，因爲監察院還有助理，還有兩百多到三百個職員，可以協助。而具備「仁」與「勇」的人，現在是很難求了，特別「仁」更是困難。假定有這種人——我相信一定有，而如何產生，卻有困難。爲什麼呢？現在單槍匹馬的人不太能夠當選做民意代表，不像從前戲臺上打仗，放馬過來，兩個人打個三百回合，現在不行了，現在是政黨的時代，像這次監委選舉，單槍匹馬的少之又少，而政黨提名的，特別是執政黨提名的百分之九十幾都選上。

執政黨對監察委員特別的敏感，因爲監察委員可以糾舉、彈劾，可以審查政府財務開支，甚至總統提出的考試院長和委員、司法院長和大法官人選也都要由監委審查其資格並行使同意權，因而監察委員等於就是「管」政府，間接也就是「管」執政黨的。所以執政黨爲了它的面子、爲了它的政權，監委人選，往往就選聽話的人了。

執政黨黨員守則中有一條「服從為負責之本」，這不能說錯，但我覺得對監察委員不能要求那麼多，應該要求他來監督你，制衡你；要求他像一隻看門狗，要汪汪叫，要求他像清道夫，要掃盡路上的垃圾糞便。清除垃圾糞便時，可能會有些穢氣很難聞，但這不必顧慮，還是要掃。

人都是要求安定的，假如監察委員不聽話，要監察、糾正、彈劾、糾舉、審計、同意，就會使黨太難看，使政府太難看，使政治失於安定。因此一些有仁愛勇氣的人，就不容易為黨所提拔，而黨假如不提拔他，他就沒有可能當上監察委員，所以監委在選舉時，就碰到很大的難局，以致清寒獨立的人，不容易為執政黨所看中，輔助他當選。

因此，人選問題本已很難，再加上不能產生、不能出頭，儘管好人也是枉然。

其次，監察權的難以提振，就是環境很難。去問問現在的監察委員，他們也有牢騷——現在環境比以前我做監委時更難了。

當年，我們彈劾俞鴻鈞院長，彈劾一位行政院院長，又是黨的領袖之一，想想看有多困難，尤其是黨員來彈劾，這實在是很大的考驗。

監察環境大不如前

我們提出彈劾的前一天，中央黨部秘書長約我們早餐會報，他問：「聽說你們今天要提這個案子？已經寫好稿子了？」我們說我們正準備但是還沒簽名，今天能不能提出是個問題。不否認，但也不承認。回去後我們十一個人決定提出這件彈劾案並且簽名，然後推兩人去找于右任院長，請他下班後可否等等，有事要報告，也請留兩個機要人員。

五點多我們去找于院長，把彈劾案給他看，在這之前，連他都不曉得。于院長很了不起，絕不阻撓監委行使職權，所以就批了，決定明天上午十點開會審查，而且叫兩個留守的人去付印，送給審查委員，但審查委員只曉得明天要審查彈劾案，卻不知道彈劾什麼人。第二天十點鐘開會審查通過了這件彈劾案。于院長很難得，他怕消息一傳出，政府有關方面一定找他，就躲到一位朋友家裏，一直到下午四點多才回來。所以，消息傳出，中央的人員到處找于院長，要疏通挽回，但都找不到于院長。

這件彈劾案如果不是這樣保密，不僅會很爲難，困擾很多，也很難完成了。而目前，這種環境是很難想像了。現在案子一送秘書處，不但院裏馬上曉得，大概被彈劾的人都會曉得，都可以找到人事關係來疏通，連審查會恐怕都開不成。

因此，這個環境，如果我今天還在做監察委員，我也沒有那分力量了。有志難伸，沒法子做。

監察委員人選找不到，找到了人又不能產生，產生了又不能發揮他的功能，監察權怎麼重振？所以我接到這題目，昨天晚上就失眠了，痛苦地想了很久，想了一個辦法，就是要開闢幾條監察的管道，不能完全寄希望於監察院，不能完全寄希望於六十多位監察委員。只有擴充管道，使監察民主化，監察社會化，監察制度及監察權才能有作爲。

重振監察權四管道

我想到了四個管道。

首先是省市議會。省市議會是人民的代表，但沒有監察院特殊功能，可是它選舉監委，也可罷免監委，平常省市議會可以監督監察委員，是監察委員的監察委員。有時監委或利令智昏、或妥協、或不能執行依法賦予的職權，議員可以罷免他。部分監委爲了六年後還能當選，也會做得好些。況且省市議員除此外，也可以透過他所選的監委，來「管」中央政府。所以如有好的省市議員，則在他們的監督之下，監察制度也還有可爲。

第二個管道是大眾傳播工具，這包涵報紙、雜誌、廣播、電視。他們就是監察院，記者就是監察委員。假定不能利用這種管道，或這種管道不能盡到國家興亡匹夫有責的任務與勇氣，那就太可惜了。所以要重振監察權，也要重振報社。只要大眾傳播工具能够重振，我們國家就有希望。但是，現在的報紙還不够，希望開放黨禁後，能够再開放報禁。這樣「民進黨」會有一分報，青年黨也可有一分報，我們這些大學教授，也可以聯合起來辦一分報。大眾傳播工具便成爲很重要的監察力量。

第三個管道是在野黨。我一直很痛苦，身爲黨員，卻一直扮演反對黨的角色。以後我不必扮演了。因爲我在扮演的時候沒有反對黨，而政府必須有反對的人，這才可以有反對制衡的功能，而現在「民進黨」成立了。

身爲黨員沒法幫「民進黨」的忙，但我也常馨香禱告，希望它能成器，做爲一合法有力的反對勢力，發揮力量，督促政府走向好的方向。最近看「民進黨」的做爲，大致說來還不錯，我們四個所謂中介人士，眞希望它能「成器」。做中介人士，不是爲政府，也不是爲黨外，完全爲民主。有時候黨外不對，我們勸告，政府不肯，我們建議。今天政黨問題上有這樣一些結果，我很欽佩蔣總統，我很清楚，沒有蔣總統，就沒有黨禁的開放，沒有蔣總統就沒有戒嚴的解除，希望今後「民進黨」不要使總統失望。做好對國家的監察，在野黨是很大的一個力量。

執政黨的力量最大

第四個管道便是執政黨。無論是大眾傳播工具或在野黨的監察力量，都比不上執政黨的監察力量，它的力量最大。它要大眾傳播工具做得不成樣子，它有這個力量。它要「民進黨」關門，也有這種力量。所以我們要督促執政黨民主化，使大眾傳播工具和在野黨能正常的運作，正常的反對。縮小的來說，監委靠執政黨提名輔選才能當選，執政黨提拔的人一旦做了監委後，希望執政黨放手，不要去干預他、妨礙他，唯有執政黨放鬆一點，監委才可能發揮功能，所以監察政府這個管道，最重要的還是執政黨。

因爲蔣總統才有開明的變革，我想他會繼續督促執政黨和政府做好還沒完成的一些革新措施，如六大議題中的充實中央民意機構、地方自治法制化，以及開放報禁等，如此，監察院可能也會跟上來，擴大、開拓監察的管道，而國家也就有福了。

七十六年一月

現場答問紀要

問：以目前監察院結構，功能如何發揮？可否乾脆取消目前的監察制度？

答：這個問題使我想到明朝一學者顧亭林的一句話：「遠遊不須愁日暮，老年總是望河清。」意思是遠遊不怕時間太遲，還要是走下去，老年人總是希望黃河有清的一天，對於監察院，國家每年編列不少預算，人民賦予了很多期望，法律又賦予那麼大的職權，我不能不希望它振作起來，但制度上、方法上還是要繼續改進。

「立法監督」的節制

立法院兩個委員會最近議決要廢止國營事業人事管理規則，理由是它以命令代替法律，侵犯了立法權。

這是一個很嚴重的問題。我沒有細查該規則內容，不能就事論事，但可就一般學理略陳所見：

第一，現今社會發達，問題叢生，必須政府出來處理。如果任意擴張立法權，認爲必須先訂法律方可行事，則因立法手續繁複，不獨緩不濟急，且亦非立法機關所能勝任。是故各國乃多以命令行事。共產國家固然無論矣，民主國家無論內閣制或總統制，亦無不昇高命令的位階，以命令施政。立法院必須有這認知，而自我節制。

第二，我國之制，立法院和監察院對行政命令可以審查，它如違法，立法院有權將它廢止，監察院可以糾正。但這兩種處置，並非神聖不可侵犯。因爲第一，依憲法第四十四條，行政院如不贊成，可請總統召集有關院長會商解決。（當然以憲法未有規定的問題爲限）。

其次，依照憲法第一百七十二條，命令固不得牴觸法律，但究竟是否牴觸，仍許他人表示不同意見，如果發生爭議，應由司法院大法官會議予以解釋，以杜爭議，方爲上策。

七十五年十一月二十日

議員化身賢良方正

除弊振衰在此一舉

臺灣省市議會的議員將在下月十日投票選舉增額監察委員，直接代表他們，間接代表人民，參加監察院，振奮監察權。比諸立法委員和國大代表的選舉，國人對它寄以更大的希望。因爲現在政風不良，效率猶待提昇，法治不彰，風紀亟須整飭，重以民主的步履維艱，社會的士氣不振，而內憂外患相逼日甚，不容改革和發展的進度趦趄不前。所以有心人莫不憂心忡忡。

挽救之道，千頭萬緒，而愼選監察委員，不失爲重要的一端。

智仁勇勤淸儉年輕

監察委員相當於古代的御史，已有兩千多年的歷史。自漢以後，朝廷徵選御史，首重人選的

「賢良方正，直言切諫」。在消極方面，則須避免選任皇親和國戚，以免親親相護，而且不選吏員，因恐他們一向循規蹈矩，謹愼小心，難望他們能夠大處著想而直言切諫。

以我做了二十餘年監察委員的體會所得，我也曾提列監委的一些標準。分爲消極和積極兩種。

關於積極的：

第一、他要有仁愛的心腸，能够人溺己溺，推己及人；

第二、他要有服務的熱忱，肯管事，肯說話；

第三、他要有超人的勇氣，不畏苦難，不避權勢，不怕拂逆自己的黨部和同志。

第四、他要受過大學教育，並能好學深思，而不自以爲是。

同時，在消極方面也有四點必須注意：

第一、他在人格上不得有汚點或劣跡，否則他就不可能有道德的聲望和正己正人的勇氣；

第二、他不可經營企業或執行業務，否則可能以私害公，而且有求於人便易爲人所制，而不能行使職權；

第三、他不可過奢華的生活，而要在國家給他的薪俸中量入爲出，不僅他本人而已，他的家屬也都須克勤克儉；

第四、年齡不可太大，在三十五歲的最低限度上，愈年輕愈好，否則年華老大，不獨銳氣消蝕，難當「風霜之任」，而且精力也不能應付繁重的案件、信件、資料、接談和會議。

化爲監委延伸權能

日前我看到一位監察委員候選人的一個聲明文件，他參照我十四年前的一篇「省市議會需要什麼樣的監察委員？」宣稱：「××現在鄭重聲明：在當選監委後，我會恪守這些原則和信條。我會常到市議會列席會議，恭聆各位議員的高見。各位議員如有糾彈本市或中央的違失官員的必要，我會加以調查後提出彈劾案或糾舉案。各位如果發現各級政府有違法不當的措施而爲市議會權力所不及的，請隨時將資料送給我加以調查和糾正。我一定忠於市議會和監察院，做好我的職務，不負各位對我的支持和期望。敬此保證。」

那位候選人的這些承諾，我祝福能爲市議員所欣賞而予以支持。

省市議員的職權不大，功能也有限，因爲他們沒有彈劾權，沒有糾舉權，更沒有審計權，甚至也沒有調查權。而且他們行使職權的對象和範圍，僅限於省市政府，而不能及於中央和全國。幸而省市議員可以選舉、可以罷免、可以監督他們所選的監察委員，所以如果選舉得人，他們便能督促並從而假手於監察委員去監察中央政府及其官員，於是他們的功能便能提昇到中央從而普及於全國。

我常說，監察委員是人民的喉舌，政府的耳目，國家的看門狗，官場的清道夫，社會的安全瓣。就他們與省市議會的關係來說，他們又是省市議會的喉舌，省市議會的耳目，省市議會的看門狗，省市議會的清道夫，省市議會的安全瓣。所以祇要監察委員的人選適當，省市議員便能透過他們做喉舌以申民意，做耳目以宣民隱，做看門狗以防民賊，做清道夫以潔民路，做安全瓣以平民憤。

萬物心造可易可難

但是現在遭遇兩種困難以致省市議會不易選賢與能。

第一種困難是連記法。上次選舉，尤清委員得到了五位省議員的支持而當選，現在改爲連記法，他須有三十餘票方能獲勝，所以他祇好放棄。其他有志有才有爲而清寒獨立之士從此也休想做監察委員了。

第二種困難是賄賂作祟，即使獲得執政黨提名的人，也在怕非錢不成。如果這樣選財而不選才，監察院怎樣還能再有清望和清議呢！

如何挽救，其實辦法也很簡單。第一、執政黨和任何政治社團不提富翁作監委候選人。富翁可以做官，也可做立法委員或國大代表，但不宜做監察委員。

第二、監委賄選疑案，人數不多，情節明顯，眞所謂「呼之欲出」，政府不應坐視不問！

第三、廢除連記法，恢復單記法。

挽救之道，眞的這樣簡單麼？是的，就是這樣簡單。但是還須看執政當局的觀念和態度，而這就比較複雜了。

七十五年十二月二十八日

監察院長的角色和功能

一位監察委員一旦做了監察院的院長，他的憂患就會開始。因爲他們兩者的角色有些互相衝突，他會感到進退兩難。

例如作爲院長，他難免要做必要的公共關係，而因他仍是監察委員，必須保持監委的風格和形象，不宜與外界發生過多的關係，以免妨害他本人和其他監委的職權行使。所以古諺有所謂「大夫無私交」，頗有道理，監察委員特別是院長，尤當鐵面無私，不得以私誤公。

其次，監察是風霜之任，院長如果是反對黨，就很容易做，但他與政府如果是同黨，則勢須「官官相護」，他就會遭到困擾了。

我很懷念于右任院長特立獨行，不受干涉。那是因爲他有那樣的修養，然未始不是因爲他在黨有很長的歷史和在社會有很盛的淸望。即此可見人選最重要。

再者，監察院長不比行政院長，後者大權獨攬，而前者則祇能處理一部份院務，且不得干涉監察案件，他應該「無爲而治」。這點看似容易，其實頗難。

但審計部則須靠他負起監督的大責重任，因爲一般委員無此權力，而審計是監察權中很重要和最需督責的一環。但因審計長不是他所遴選，他就無能爲力，這在制度上似應有所更張。

七十六年一月

解除戒嚴橫生枝節

老虎回柙·大鵬展翅

——欣見戒嚴解除·樂觀民主邁進

千呼始出猶不爲遲

經過各界人士（連我在內）千呼萬喚以及政府各部左顧右盼的解除戒嚴問題，現在終於塵埃落定了。從現在開始，我國已經結束了軍事管理，改行民政管理，結束了軍事審判，改行司法審判，並從而杜絕軍事統治的危機。這在蔣經國總統提示解嚴的時候，就已一新耳目，今後自將連我國的典章制度也必有所更張，因而福國利民。

戒嚴在政府遷臺之初，曾有必要，也作出了貢獻。而且幾年來我所了解的幾位負責將領，都能守法守分，忠於國家，愛護人民，沒有濫用職權。但戒嚴猶似老虎，它會吃人，所以必須把它關在籠子裏，以策萬全。即使它現在並未傷人，但仍像民謠所說：「老虎一進城，家家都關門，雖然未吃人，日前壞了名。」何況它眞會吃人。所以解除戒嚴，把老虎關回虎柙，實有必要。

現非解嚴最好時機

但是懍於事實，現在並非解嚴的好時機，而最好的時機是民國四十年代和五十年代。因爲對臺灣安全威脅最大的中共，那時自顧不暇，雖然幾次來侵，但都敗退，不足爲患，而且我們尙有中美共同防禦條約，足以保障臺灣安全。至於國內的反對勢力，那時人數很少，尙未形成氣候。所以那時大可解嚴。

可是時不我予，一到民國六十年代，我國形勢大變。在那十年中，尼克森總統訪問中共，發表上海公報，我國退出聯合國，日本、美國先後承認中共，美國廢除中美共同防禦條約，中共發表「告臺灣同胞書」提出三通四流，加強統戰，同時，先總統　蔣公不幸逝世。迄今朝野紛爭有增無減，街頭示威相習成風，公序良俗日益敗壞，公信公權漸感式微，重以中共的威脅加甚，友邦的關係漸疏。引用雙城記的開場白，「我們一直走向天堂，也一直走向地獄」。

民主改革黨派第一

現在我國乃在這個較前困難的時刻終於解除了戒嚴，不能不說是大仁大智和大勇。其中最大的理由，乃是非此不能使民主改革振翅起飛，而它才是國家安全和社會安定的基礎。

但是做好民主改革，眞是任重道遠，而且如果失敗，則解嚴不獨枉費心力，而且還會加深國家社會的禍患。所以如何完成今後民主改革的任務，足以影響我們大家的生死存亡，祇許成功，不許失敗。我現在敬就兩個關鍵問題——黨派問題和中央民意代表改選問題略貢拙見。

第一，黨派問題乃是治道，也是亂源，最須妥速處理，而三年來紛擾不已，迄今未能澄清。我建議：

一、老老實實，乾乾脆脆，速訂政黨法，以表示冠冕堂皇，正大光明。

二、順應現實，採多黨制。凡聯合若干人例如五萬人，就可申請組黨，不必須有現任民意代表，他們當然更可申請。

三、明定政黨應守的規範，違者得予以解散，但不必要求它們先立什麼「志願書」。

四、由中央選舉委員會處理政黨登記及解散等事宜，但該會必須更求多元化和民主化，委員都由總統選任，但官員和執政黨人士合計不得超過二分之一。

改造國會過渡辦法

第二，中央民意代表全面改選問題最感棘手，我怕沒有人能動這樣的大手術。於是我建議一些過渡辦法：

一、增額立法委員兩年多後就要改選，而增額國大代表和監察委員的改選則在五年半以後，急其所急，我主張先解決立法委員問題，四五年後再考慮國代和監委問題。

二、准許資深立委繼續行使職權，但同時必須大量增選增額委員以增加其比重，例如在下次選舉時把增額委員增加一倍，共選二百名。那時資深委員必已少於此數，即使任其共同行使職權，增額委員自必超過他們（資深委員）的人數和實力，並具有充分本土化的代表性，以發揮議會政治的功能。

同時，政府也可鼓勵資深委員自願離退。以我爲樣本，如能給以更好的禮遇，很多人會自動求去。

三、規定三個中央民意機關構成分子的總額，例如立委三百人、國代四百人和監委七十人，或少於此數，在五年半後再辦選舉時一律選足。不管資深代表那時是否在位，新選代表一律改稱爲第二屆。

戒嚴老虎不容再現

此外，解嚴後必須即速處理的問題，當然不僅以上兩個，他如地方自治法制化、新報登記開放和新聞自由、社會風氣，執政黨革新以及國家統一和中共統戰等問題，都爲讀者所關切，但因限於篇幅，不能再論。

雖然如此，我尚有一言必吐爲快。如上所陳，解嚴是那麼困難，但戒嚴卻十分簡易。因爲地方如有動亂，當地駐軍的一個團長就有權宣告臨時戒嚴，放虎出柙，總統依據臨時條款，不必徵求立法院同意，便可宣告全國戒嚴，「爲虎作倀」，豈不可怕！

因此，我們如果不願再見「戒嚴老虎」出柙傷人，我們必須恪守民主法治，以保持社會安寧。於是在野者應知民主應該是法治的民主，不得祇要民主，不要法治。在朝者也應知法治應該是民主的法治，不得祇要法治，不要民主。必須如此相制相輔，允執厥中，老虎方能安拘於柙，國家方能振翅飛騰。

七十六年七月十四日

何必再訂國安法　務實務本

國安新法令人疑懼

選舉的重頭戲尚未落幕，今日報載，政府正以緊鑼密鼓，排演另一場好戲——解嚴的善後措施，也就是制訂所謂國家安全法。

鑑於內憂外患，安全可慮，執政黨主張必須制訂國家安全法，授權政府採取戒嚴法的一部份措施。於是有人因而恐懼戒嚴法陰魂不散，在新法中借屍還魂，甚至變本加厲。

而且主管機關在研訂該法的過程中又復守口如瓶，保密到家。縱使報載黨政方面曾請專家學者參與其事，但我問過一向對這問題特別關切而且具有眞知灼見的幾位專家學者，則並未受到邀請或諮詢，因而使人格外疑懼。

還有一點，執政黨和政府，對組黨問題主張不訂政黨法，而把有關事項分散規定於人民團體組織法和選罷法。這種政治動機和立法技術如果正大和妥善，則對解嚴問題何不也如法泡製！何以堅持必須另訂新法（國家安全法）！對這個兩歧的手法，難怪令人疑懼，相驚以伯有！

第八條可回歸刑法

爲今之計，我建議行政院在接到該法草案後立即把它公開，以廣徵社會領袖、各黨各派和專家學者的意見，以解惑釋疑，集思廣益。至於我個人，本著言論報國之義，特寫本文，向政府呼籲，供讀者參考。

首先，我呼籲解除戒嚴迄今至少已有九年，對解嚴後的國家安全問題自很關切，但我以爲沒有再訂國家安全法的必要。

請看戒嚴法。該法與國家安全最有關係的，是第八條和第十一條，而這兩條在解除戒嚴後當然不能再執行，但是否將危害國家安全呢？

請先看第八條。它規定：

——戒嚴時期，接戰地域內，關於刑法上左列各罪，軍事機關得自行審判或交法院審判之：一、內亂罪，二、外患罪，三、妨害秩序罪，四、公共危險罪，五、僞造貨幣有價證券及文書印文各罪，六、殺人罪，七、妨害自由罪，八、搶奪強盜及海盜罪，九、恐嚇及擄人勒贖罪，十、毀棄損壞罪。

——犯前項以外之其他特別刑法之罪者亦同。

——戒嚴時期警戒地域內，犯本條第一項第一、二、三、四、八、九等款及第二項之罪者，軍事機關得自行審判或交法院審判之。

以上各款罪行，自足危害國家安全，但因解嚴後回歸刑法而由法院審判，安全仍有保障，自無另訂國家安全法的必要。

宗教放鬆郵檢廢除

至於戒嚴法第十一條所規定的十一款事項，一向都由戒嚴司令官執行，解嚴後應由誰執行呢？而且是否尚有執行的必要呢？這些情形，比較複雜。鄙見如左：

該條第一款：「得停止集會結社及遊行請願……上述集會結社及遊行請願，必要時並得解散之。」

報載這是必須制訂國家安全法的主要理由，但須知集會遊行在違警罰法第五十五條第一項第六款已有須經官署許可並得予以解散的規定，結社有人民團體組織法加以限制，不法請願有請願法第十一條予以制止或處罰。而且凡此都嚴於戒嚴法，當然沒有再訂國家安全法的必要。

該款又規定：「得取締言論、講學、新聞雜誌、圖畫、告白、標語暨其他出版物之認爲與軍事有妨害者。」這在國家總動員法和出版法都有管制，而且範圍較大，辦法也較嚴，自不必另訂新法。

該條第二款所謂「得限制或禁止人民之宗教活動有礙治安者。」獨指宗教，很不妥當，而且可與第一款併案辦理，更無突出宗教的必要，應予刪除。

該條第三款規定：「對於人民罷市、罷工、罷課及其他罷業，得禁止及強制其回復原狀。」這在國家總動員法第十四條已有規定。該法並未提到罷課，如有必要，可以依法修增，但我以爲以不提爲是。

該條第四款：「得拆閱郵信電報，必要時並得扣留或沒收之。」我一向反對這項對公衆無益而對私人有害的措施，戒嚴時期已無必要，解嚴後自應廢止。

我在做監察委員時曾經試圖提案廢除該款，但因故未能實現。我的理由是依據憲法第十二條：「人民有秘密通訊之自由」和第二十三條：「以上各條列舉之自由權利，除爲防止妨礙他人自由，避免緊急危難，維持社會秩序，或增進公共利益所必要者外，不得以法律限制之。」而郵電檢查不獨妨害秘密通訊的自由，而且對妨礙他人自由的防止，對緊急危難的避免，對社會秩序的維持，甚或對公共利益的增進，不獨沒有「必要」，而且正好相反。這樣違憲悖理的措施，自應廢除。

既有規定何須另訂

關於該條第五款：「得檢查出入境內之船舶、車輛、航空機及其他通訊交通工具，必要時得停止其交通，並得遮斷其主要道路及航線。」又第六款：「得檢查旅客之認為有嫌疑者。」又第七款：「因時機之必要，得檢查私有鎗礮、彈藥、兵器、火具及其他危險物品，並得扣留或沒收之。」凡此各款都包括在海關或警察的職權及其勤務範圍內，毋須他求，何必另訂新法。

至於該條最後四款：「戒嚴地域內，對於建築物、船舶及認為情形可疑之住宅，得施行檢查，但不得故意損害；」「寄居於戒嚴地域內者，必要時得命其退出，並得對其遷入限制或禁止之；」「因戒嚴上不得已時，得破壞人民之不動產，但應酌量補償之；」「在戒嚴地域內民間之糧食物品及資源可供軍用者，得施行檢查或調查登記，必要時並得禁止其運出，其必須徵收者，應給予相當價額。」凡此各款，都在國家總動員或農礦工商管理條例中已有規定，如嫌未備，並可增修，也無新訂國家安全法的必要。

此外，報載國安法草擬機關認為「山防、海防、入出境管理等皆為國家安全所需要，國安法中均予明載」，從而認為必須新訂國家安全法。這些管制事項現在都在辦理，而戒嚴法並無該等事項的規定和授權，可見它們另有權源或依據，則在解嚴之後，如果認為有繼續執行的必要，自可依據原有權源，繼續施行，不必另訂新法。

至於觸犯以上各款規定的處罰辦法，現行有關各行政法規或刑事法規各有規定，戒嚴法反而沒有，以後自可依法處理，也沒有另訂新法的必要。

當然，國安法草案中有很重要的一條，規定集會結社不得違背憲法或主張共產主義或分離意識。這三點本來是蔣經國總統在與華盛頓郵報來訪記者談到組織新黨問題時所提示的，則自應規定在政黨法規中，何必在國安法中畫蛇添足，以致觸發嚴重的爭論。

翻案動機感於總統

我這篇翻案文章，未免不合時宜，但我並無歉疚之感，因爲揆諸蔣總統經國先生十月廿五日的昭示——「務本」和「務實」，我應該作出這樣的批評和建議。

蔣總統那番話值得國人牢記深思和實踐。因爲他說：

「在當前國家處境，爲了發展得更好，有兩種修養，我們全體國民應予格外重視：

「一是『務本』，也就是要確立根本，鞏固根本，一切作爲都要爲根本著想。我們要維護的根本是什麼？是國家安全、社會安寧、經濟繁榮、民生安定。任何事情，如果捨本逐末，甚至忘了本源，我們便將失去所有。『本立而道生』，才是我們生存發展的根本之道。

「一是『務實』，也就是要誠實平實，實事求是，腳踏實地，一步一個腳印，絕不好高騖遠，不自欺，不張狂，不打如意算盤。唯有實實在在，認清現實，把握實際，才能實現理想目標。」

落實到解嚴問題，蔣總統所說的「務本」，也就是尊重我國的憲法。他所以要解除戒嚴，爲的就是尊重憲法及其所保障的人權自由和安全安定。

蔣總統當然也顧到現實和實際。基於現實，他說要「不自欺，不張狂，不打如意算盤」。基於實際，他說要「腳踏實地，一步一腳印，絕不好高騖遠」。

秉這兩義，我在解嚴問題上也是務實而不忘務本，但務本也不忘務實，從而主張廢棄戒嚴法主導下的一部份管制措施，但反對再訂國家安全法。

七十五年十一月三十日

爲了解嚴放棄爭議

多年來我一直向政府呼籲解除戒嚴，以重人權自由，但同時也認爲必須兼顧國家安全，可是我以爲不必再訂國家安全法等新法，以免引起誤會和疑懼。好在現行刑事法規和行政法規，對國家的安全已有充份的保障。卽使看了國安法的草案，我仍以爲沒有訂它的必要。因爲有些條文，現行法已有規定，仍可適用，卽使沒有規定的也可就現行法稍加補充就足應付，不必畫蛇添足，吃力而不討好。

可是我這意見，乃是技術問題，祇要有利於解嚴的大政方針，我不應固執己見，所以我也可贊成制訂這個新法。當然，我對它的內容包括原則和技術，仍有一些意見，以後容當相機再論。現在戒嚴就可解除，我應對蔣總統在解嚴問題上的務本務實的領導和馬秘書長溝通協調的努力表示讚佩。

至於民進黨人士，在過去推動解嚴時，也曾公開倡導制訂國家安全法，但在政府要制訂國安法以便解嚴時，則又根本反對國安法，而且出之以街頭示威，集體抵制，使人民大衆很不服氣，對該黨大失所望。他們不像我那樣自始就反對國安法。這不獨是民進黨的挫折，也是民主運動的損失，因爲民進黨的利或害，總是會影響民主的得或失，所以不可不愼也。

七十六年一月三日

警總的新環境和新問題

戒嚴是政治體制和社會生活的重大關鍵，所以解除戒嚴將使政治和社會發生重大的變化，而首當其衝的乃是警備總司令部。

警總所受的影響，第一是它是否尚有存在的需要和法基？答案是肯定的。因爲臺灣仍在戰時，中共可能隨時進犯，我們不可一日無備，而警總乃是「警」戒和防「備」的樞紐，有了它，不致變起倉卒，倉皇應戰。

基於國防部組織法，警備總部是動員戡亂時期的特設機關，負有警備治安等職權，又戡亂時期檢肅匪諜條例也明訂警總是「最高治安機關」，它在解嚴後當然會繼續存在。

第二、解嚴後警總是否還是一個「治安機關」？這個問題發生在執政黨中央政策會國家安全法草案黨政協調會議。該會議決定，把國安法草案第四條原訂「治安機關」，修正爲「警察機關」，而所稱「警察機關」是指警政署、調查局和憲兵司令部，不包括警備總部。

這個修正建議，原來僅對入出境管理工作而言，用意在預防軍事管理，但它是否可能延伸爲否定警總的地位和任務，似乎應加澄清。

第三，可否比照汪道淵先生以文人擔任國防部長的例，由一位文人出任警備總司令而由一位軍人擔任副總司令，或照本省早年由省主席兼任保安司令的舊例而由省主席兼任警備總司令而副之以一位軍人？鑑於這次執政黨政策會與黨籍立法委員協調結果，反對警備總部列入維護國境安全的治安機關之內，我們可知冰凍三尺非一日之寒。俗諺：「老虎一進城，家家都關門；雖然不吃人，日前壞了名」。如果改用文人去領導，則社會的觀感不同，形象就會改善，軍令可望順利推行。

第四，但是警總最重要的工作，莫如自修。因為「止謗莫如自修」。那便須對觀念、態度和方法，統統都作檢討和改善。誠如蔣經國總統所昭示，時代變了，環境變了，潮流也變了，警總及其人員的氣質和作風還能不變麼！

改變之道，首重教育，必須有開濶的心胸、豐富的常識和正確的認知，方能做好保國衞民的任務。

新新聞編者一星期前告訴我要編「解嚴後的警總」這一特輯，向我徵文。以警總地位和任務的重要及其與國泰民安的關係，我們都應加以支持，但也不可不促其進步。我希望本文以及這個有前瞻性的特輯能發生一些正面作用，而有益於警總，有利於社會。

七十六年四月二十日

民怨何在化解何由

民怨何在？化解何由？

我以爲化解民怨，必須改革行政，而「知難行易」，必須先徹底了解行政病患的眞相，不盲不聾，不諱不忌，而後可望藥到病除，所以現在必須也組織一個高層次的調查研究委員會，以一年時間，向總統提出改革建議，大力推行。

朝野較力勝負關鍵

報載執政黨爲肆應當前國家政治發展，加速行政革新，最近舉辦專案調查，並提出調查報告，建議政府設立專責機構，徹底監督公務人員言行操守，剷除貪污腐化，並通盤檢討司法缺失，重振司法威信。

調查報告提出十四項「民怨」所在：

一、政風敗壞，貪瀆無力禁絕；

二、行政效率低落，公務人員服務品質差；

三、賦稅制度不合理，稅務人員操守不良；
四、公害防治乏力，環境汚染嚴重；
五、交通秩序紊亂，無力改善；
六、社會風氣敗壞，色情賭博盛行，取締無力；
七、竊盜猖獗，治安惡化；
八、攤販管理不善；
九、司法威信不足；
十、教育措施不當，影響學生身心成長；
十一、消費者權益無合理保障；
十二、違建數量增加，阻礙現代都市發展；
十三、制訂政策缺乏與民眾溝通；
十四、選舉不良風氣未有效改善。

調查報告指出，施政缺失形成的原因，一方面是立法不够周延，一方面是公務人員普遍缺乏敬業精神，甚至違法犯紀。

報告中並建議政府應大刀闊斧興利除弊，針對以上所列施政缺失，加速革新步調，以消除民怨。

看到這則新聞，我感覺一則以喜，一則以懼。喜是因爲「知難行易」，政府既已知之，則改革應不很難。懼是因爲「知之匪艱，行之維艱」，政府雖已知之，但未必能加以改革。

其次，執政黨做這調查，當已看到民怨乃是未來朝野決勝的關鍵。執政黨如果沒有去年的民主改革，民進黨必已獲得更多的選票，但兩年內執政黨如果不繼之以行政改革以化解民怨，極可能將遭受嚴重的挫折，以致動搖黨基。

更嚴重困難的民怨

而且民怨不僅那十四項而已，還有其他性質更嚴重和救藥很不容易的，依照日來報載，我再舉數例：

例一、怨政府：一、對自己國民的信心不足（如開放觀光等）；

二、凡事要管，結果管越多而越管不好，（如管票據，結果票據犯滿天飛；管大家樂，反而愈演愈盛）；

三、爲防一個可能鑽漏洞的壞人，讓絕大多數的善良人受困擾。

四、言行不一，忽視人性的眞實面，文飾表面，以致「地下」比「地上」多，「地下」的在那裏，人民都知道，只有政府不知道；

五、凡事能推就推，能拖就拖，結果問題擴大，自力救濟紛紛出籠，最後只好犧牲公權力和

社會資源來勉強解決。（李勝峯委員八月二十二日問政講詞）

例二、怨許多政府機關做事，都像不點不亮的蠟燭。許多該做、可做的事不做，但是一旦等到民眾抗議、請願、罷市，採取自力救濟行動以後，又似乎什麼事都可以做，都不窒礙難行了。

例三、怨政府包括公營事業，不獨對街頭暴力低頭，也對各級民意代表百般忍讓，違法遷就，破壞法制和公信力。

例四、怨政府建築官舍，踵事增華，浪費公帑，但為添建教室以消除小學二部制使學童能夠全日上課，則長達四十年猶未達成目標。這是什麼財「政」！

例五、怨「違法者富」，富者違法，「玩法者貴」，貴者玩法，「一隻看不見的手左右國信善後」，「不良放款二百多億元」。其實何僅「一隻手」而已！何嘗「看不見」而已！又何僅國信一家而已！

例六、……夠了，我不忍再舉了。

先找病因姑舉五例

但我必須進一步找出它的病根，以期能對症下藥。姑舉數例：

例一、病在心態不正。一部分政府人員認為「多做多錯，少做少錯」，所以儘可能少做甚或不做，能推則推，能拖則拖，能敷衍塞責，則點到為止。

例二、病在賞罰不明。如果有功不賞，有罪不罰，有過不究，當然會導致不求有功，不怕違法，則行政尚可爲麼！

例三、病在領導不強。此時此地政風不良，社風不善，士氣不振，民信不固，領導階層必須有爲方能有治，不許無爲坐以觀變。乃現在則徒有憂患意識，仍無變法維新除弊起衰的決心和勇氣，而且一遇阻力，就無法應付，無力堅持，則行政何能改善！民怨何能化解！

例四、病在法制不適。過去農業或手工業或家庭工業的經濟時代的法令和制度，過去戒嚴時期的管理辦法，當然不能完全適用於今天，乃政府不能及時調適，甚或仍保守成習，不願更張，以致引起衝突，招致民怨。

例五、病在知識不足。知是學問，識是見解，兩者都隨時代和環境在進步，而政府則故步自封，以致學問貧乏，見解成腐，而畢竟「學問爲濟世之本」。政府年來雖也請些專家學者去座談問題或參與作業，然一曝十寒，無濟於事。而且所邀請者又多是與當局抱同一心態或見解的人，拒絕一般獨立客觀的人及其見解，所以難收集思廣益相反相成之效。

大力推動行政改革

年來幸賴蔣總統高瞻遠矚，在政治的大方針和大原則上多所提示，用能打開僵局，拓展生機。但是行政改革則千頭萬緒，較民主改革尤爲複雜、瑣碎和困難，所以不能再勞國家元首去費心了。

於是我想起了三十年前的「總統府臨時行政改革委員會」，現在也有賦稅改革委員會，我以爲化解民怨，必須改革行政，而「知難行易」，必須先徹底了解行政病患的眞相，不盲不聾，不諱不忌，而後可望藥到病除，所以現在必須也組織一個高層次的調查研究委員會，以一年時間，向總統提出改革建議，大力推行。我試爲借著代籌，提供構想如左：

一、在總統府設置「國家安全會議行政改革委員會」。

二、委員十一人，由總統特聘副總統、五院副院長和專家學者組織之，由副總統兼任主任委員。

三、該會設人事風紀組、以及內政、外交、國防、財政、經濟、法務、教育和交通各組，但我以爲人事風紀組尤爲切要。

四、各組置顧問和專門委員若干人，從事實際研究工作，並以顧問一人爲召集人。

五、研究報告經委員會決定後報請總統核轉有關機關採納實施。

六、調查研究期限爲一年。

這個構想祇是改革的著手和起步，但必不可少。當然必須繼之以大力執行和切實考核，而尤有賴於領導階層的決心、毅力和才能。然而政府當局已有這樣的認知和準備麼？我爲此懼！

七十六年九月十三日

（附載）「公民社會」前景探索

陸鏗

關心中國（包括大陸、臺灣、香港）政治前景的人，對於公民社會的出現，都寄予很大的熱情和希望。臺灣近幾年所以在民主的道路上，步子邁得較大，公民社會的出現是一個重要的動力。在蔣經國後期，雖然個人獨裁的色彩還很濃厚，但民間的聲音已迫使當政者不能不聽，公民社會力量的孕育成長，從而成爲在野黨的催生婆。在經濟資源方面由於私有制的確立，政府想壟斷控制，事實上不可能，王永慶、辜振甫這些人掌握經濟實力，在某種程度上已經可以用「舉足輕重」來形容。在思想領導方面，自由派學人的意見，自然地爲社會所重視，甚至具有方向性的指導威力；相反地對於國民黨三民主義的宣傳，則爲人們忽視，甚至譏笑爲「八股」。到蔣經國逝世，李登輝繼任總統以後，公民社會更大大發展一步。李登輝召開的國是會議，如果說他是對公民社會的重大讓步，也不爲過。

在臺灣，不管你感覺得到或感覺不到，公民社會存在已是一個不可否認的事實，而且它正日漸壯大，影響着臺灣未來的發展。

相反地，中國大陸，祇能說開始有公民社會的萌芽。六·四之所以失敗，從經濟、文化、思想的角度看，沒有公民社會出現，可以說是帶根本性的問題。至於學生是不是見好就收，那祇是細枝末節，即使他們在應當撤退的時間撤退了，八九民運，最終仍將以失敗告終。原因很簡單，中國的國運是掌握在「老子打天下、老子坐天下」的一班老人手裏，這班老傢伙的腦子裏祇有權力，沒有公民。

隨着歷史的發展，時代的前進，公民社會終將在神州大地出現，則是毫無疑義的。

當代中國研究中心二月九日至十日在舊金山史丹佛大學舉行理論討論會，探討現代中國國家與社會的關係以及公民社會的前景，是一件具有重要意義的事。根據我的接觸，旅美華人學者系統地探討公民社會的問題，這還是第一次。

哥倫比亞大學訪問學者、原《人民日報》評論員吳國光在會上講了「中國大陸政治體制改革中公民社會成長的問題」；哥倫比亞大學社會學博士候選人謝文講了「公民社會形成的動力」；普林斯頓大學社會學博士候選人閻炎講了「社會主義改革、國家能力與公民社會」；耶魯大學政治學助理教授王紹光講了「公民社會的概念及批評」；馬里蘭大學社會學博士候選人史正富講了「由中央集權到市場經濟的制度變遷問題」；胡佛研究所訪問學者孫曉光講了「家庭承包制後中國農村的制度創新」；東西研究中心研究員王豐講了「社會關係網的社會經濟基礎」；普林斯頓大學訪問學者陳奎德講了「重建公民社會，兼論族羣社會問題」；亞利桑那大學社會學博士候選人劉曉竹講了「意識形態與文化在中國的力量」；聖地牙哥加大社會學博士候選人趙穗生講了

「國家與社會的溝通渠道及對政治穩定性的意義」；愛荷華大學政治學助理教授史天健講了「中國民衆參與政治的渠道與形式」；史丹佛大學社會學博士候選人周雪光講了「論一管就死，一放就亂」；洛杉磯加大社會學博士候選人于濱講了「從變動羣衆到羣衆變動：國家與社會關係的演變」。提出論文的還有呂小波、劉昶、蒙晨、高小遠、梁在、江宏等等。

我所以列出這一堆名字和題目，意在說明，中國大陸留學生在人文科學方面通過這些年的努力鑽研，已逐步取得學習成就，他們把自己的研究與中國之命運結合起來，不僅關心中國的現在，而且着眼於中國的未來。對中國大陸公民社會的探討本身，就說明了對中國的民主化光持激情是不夠的，必須認眞作分析研究，進行思想建設。

史丹佛之會討論了公民社會的涵義及其與民主化自由化的關係。王紹光引述了洛克、黑格爾、馬克思等人的著述，說明了公民社會一詞涵義上的演化。他認爲政治民主化的前提是自由化，自由化不等於民主化，但自由化是民主化的必要條件。公民社會的出現是自由化的具體表現，所以也是民主化的必要條件，卻不是民主化的充分條件。因此提出一個問題：公民社會必然與民主有某種關係嗎？

吳國光從中國大陸政治體制改革看到了公民社會的萌芽，他以人民公社解體爲例說明，在政社合一的公社裏，一切活動由國家支配，農民沒有任何自由活動的餘地。通過改革，公社解體，農民不僅生產上有了自主權，在經濟上也有了一些自由，這樣在廣大農村裏開始有了一點不被國家政治因素控制的社會活動空間。這個空間究竟有多大，因爲祇是萌芽階段，所以很難定量。

謝文認爲六・四事件標誌着公民社會孕育階段的結束和發展階段的開始，雖然一年多來中國政局發展的總趨勢是國家對社會的全面收緊，但其實際效果卻促進着公民社會的發展。可是，也有與會者不同意這種看法，認爲現在大陸是退回到極權社會，怎談得上發展。

從史丹佛的討論看來，雖然大家都同意公民社會是與極權社會相對立的社會，但它的科學定義究竟是什麼還有待探討。比如有人指出黑社會從它自行組織起來不受國家政權約束這一點看，似乎是公民社會的一部分；果爾，極權社會被推翻後，那就不是公民社會，而是一盤散沙的社會。因此，與會者同意應該把公民社會的概念弄清楚。陳奎德介紹了哈貝瑪斯（Jurgen Habermas）關於公民社會（Civil Society）的基本涵義，是指獨立於政權體系之外的由民營企業、私立學校、獨立媒體、自治工會、教會、社團乃至咖啡館構成的民間的公共交往空間。而中國大陸恰恰缺乏這種空間，從這一角度來說，未始不是八九民運先天不足，後天失調，終至遭到扼殺的客觀原因。

八十年二月二十一日

地方自治非不能也•是不爲也

——試爲地方自治法制化解惑和打氣

我國行憲已四十年，臺灣省光復且已超過四十年，但憲法所要求的臺灣省地方自治法制化問題卻尚議論未定。

本年五月十二日，臺灣省議會邀請我們十二位專家學者舉行了一次聽證會。邀請函敍明：「本會自七十三年起審議省政府委員會年度預算時，迭經作附帶決議：『建議省政府轉請中央儘速依據憲法，參酌實際，將省政府組織爲適法之調置』。惟究應如何調置始爲適法，見仁見智。爰依本會聽證會實施辦法舉行聽證會，敦請台端蒞會就如何調置一節，發表高見。」

非法狀態必須改正

同時，報載內政部也已邀請了專家學者加以研究，並已提出四個解決方案層報執政黨十二人政治革新小組，衡量得失利弊，研議可行途徑。那四個解決方案是：一、制訂動員戡亂時期臺灣地區自治條例，二、修正現行省政府組織法，三、制訂憲法臨時條款，賦予立法院制訂動員戡亂時期臺灣省政府組織條例，四、依照憲法由立法院完成省縣自治通則之立法程序，再由省民代表大會據以制訂省自治法。

十二日的聽證會，討論了兩個支題：一是臺灣省政府的編制和人事如何合法化？二是中央政府現在應否頒訂省縣自治通則，使臺灣省得據以制訂自治法並民選省長？

關於第一個問題，作證人士一致認爲臺灣省政府現有二十三位委員和十七個機構，而現行省政府組織法則規定委員僅十一人，機構僅六個，兩者顯相牴觸，自當改正。我主張修改省政府組織法，但多數人士則主張制訂動員戡亂時期臺灣省政府組織條例。

我以爲臺灣省政府的現有組織既以省政府組織法爲依據，而與該法頗有牴觸，則自當修正該法，以資因應。我不知何以必須另訂動員戡亂時期臺灣省政府組織條例。是否是想另起爐灶，戴上「動員戡亂時期」的花冠，免受憲法第十一章第一節有關省自治各條的拘束。但那是不現實的，因爲那頂花冠沒有觀音大士的緊箍咒，不可能具有那麼大的法力，除非再訂臨時條款，以凍結憲法該節有關規定，但我認爲臺灣省民的自治權利不應凍結，那會是違憲的。所以那天我呼籲中央政府應即修改省政府組織法，同時籌備實施地方自治法制化，而第一步是制訂省縣自治通則。

「通則」「總則」無謂之爭

然則中央何以不能制訂省縣自治通則呢？內政部曾於民國七十年有所說明，認為：「在中華民國憲法制訂時，我國疆域轄有三十五省，為使各省自治對於具有共同性事項，同條共貫，標準、原則、精神都能一致，乃規定由中央制訂省縣自治通則，作為各省制訂省自治法之依據。目前大陸淪陷，尚待收復，而自中共竊據大陸之後，各省制度破壞無遺，將來重建，必須依據確切資料，針對人民之需要，本於民主憲政之精神，審慎規劃。有關制訂省縣自治通則亦正由本部多方蒐集資料，並商請光復大陸設計研究委員會積極研究中。」

這是說，中央不得為臺灣一省制訂省縣自治通則。所以臺灣省就不得制訂自治法並民選省長。

參照內政部那個說法，有些專家便在自治通則這個「通」字上做文章，說「通則」是各省普遍適用的法規，現在中華民國祇有臺灣一省，中央如訂自治法規，祇能適用於臺灣，則它是臺灣一省的單行法，而不是全國各省的「通」行法，便不得稱為「通則」；國家既不能為一省制訂自治通則，臺灣省便不得自訂自治法，取得憲法上的自治地位。

但我以為「通則」不該那樣解釋，它的意義祇是「總則」。例如公司法的第一章名為「總則」，而票據法的第一章則名為「通則」，足見「通則」和「總則」兩者的性質和功用完全相同，其義甚明。所以現在中央如果為臺灣一省制訂省縣自治通則，與憲法並不牴觸。

堅持法制兼顧現實

將來臺灣省議會如果有此見解，而與內政部上一見解不能獲致協議，我建議前者可自行或請總統或行政院或監察院申請大法官會議依據大法官會議法第四條第一項第一款予以解釋，以資澄清，不應老是曠日費力，爭辯不已。

但是解決政治問題，不能徒看法制，也須兼顧實際。以本題而論，我國現正處於非狀時期和多事之秋，國家必須總動員，而中央集權比較地方分權顯然有利於動員，省長官派比較民選，顯然有利於中央的指揮監督，並迅赴事功。我想中央所以遲遲不能制訂自治通則，或者意在避免省長民選。我們也應爲它設想。

其實完成省長民選，必須經過繁複的程序，中央政府和執政黨尙有從容準備的時間，包括左列步驟和時間：

第一步：行政院或中央十二人小組對這個問題獲致共識，看來尙需一年時間，如果須請大法官會議解釋，則至少又需一年了。

第二步：依據憲法第一百零八條第一項第一款由中央制訂省縣自治通則，更需一年。

第三步：中央制訂省民代表大會條例和代表選舉辦法，也需一年。

第四步：臺灣省選出代表大會代表，召開會議，依據省縣自治通則制訂臺灣省自治法，這更需一年。

第五步：依該自治法和有關法規，由省民選舉省長和省議員，也非一年不可。

如此，需時至少五年，我們還怕辦不好省自治麼！

於是我想起孟子所說爲長者折枝而諉稱不能的譬喻：「非不能也，是不爲也。」但是我們爲什麼能而不爲呢！

機關臨時選舉間接

此外，在答覆省議員的詢問時，我對三個問題陳述拙見，也很重要，附錄如左：

一、省長由中央政府提名，交省議會同意後任命，原不失爲一種妥協辦法，但在憲法中無所依據，也不能排除或代替憲法對省自治的要求。

二、省民代表大會不應該是一個常設機關，祇須召集一次制訂了自治通則，就可解散，所以不致與省議會重疊。

三、所謂「省長民選」不必一定要省民普選，而可由省民代表大會選舉，這樣就可避免普選的麻煩和弊害。那時省民代表大會，就可視爲美國總統的選舉人團，而不是一個常設機關。

七十六年六月七日

（附載）地方自治省府組織問題座談紀要

《雙十園》雜誌

省政府該如何來架構？這個問題早在六大政治革新議題正式提出之前，便有過多次的討論辯難，但一直都停留在討論階段。隨著政治革新運動的高唱入雲，臺灣省議會的民政小組，趁著一片改革聲中，再度把「省政府組織適法」的問題提出，以「聽證會」的方式作爲先聲，並以此探測各方對省政府現行組織架構的評價。

五月十二日，霧峯省議會的朝琴館三樓禮堂，齊聚了目前國內著名的專家學者十二人，在「面對面」省政府秘書長及三十幾位省議員的熱烈出席情況下，舉行「如何依據憲法，參酌實際，使省政府組織爲適法之調置」聽證會，就臺灣省地方自治法制化和省政府組織化的修正問題發表宏論。

省議會民政小組爲了讓「聽證會」能具備多元化的基本條件，所以邀請的學者，可以說是兼具各方意見，有持肯定者，亦有持截然不同的意見者，因此使得「聽證會」雖然是採單向陳述的過程，卻擁有「前後夾擊、短兵相接」的場面出現。

這十二位參與「聽證會」的學者，分別是：

陶百川先生(國策顧問)
張劍寒教授(臺灣大學教授)
郎裕憲教授(政治大學教授)
李鴻禧教授(臺灣大學教授)
荆知仁教授(政治大學教授)
薄慶玖教授(政治大學教授)
鄭　梓講師(逢甲大學講師)
謝廷庚教授(中興大學教授)
謝瑞智教授(師範大學教授)
朱石炎先生(司法官訓練所所長)
胡開誠先生(行政院顧問)
張潤書教授(政治大學教授)

「如何依據憲法參酌實際，將省政府組織法爲適法之調置」，是此次「聽證會」的會議主題；而「聽證會」中學者專家所表示的任何意見均不作出結論，除提供省府轉請中央於研討地方自治法制化參考外，並作爲府會之間「增進認知、共識共諒」的基礎，亦是「聽證會」的一項特色。

「聽證會」由省議員余愼擔任主持人，省府則由李厚高秘書長偕同有關幕僚人員到場聽取意見。由於學者專家的意見十分充分而且詳細，探討的層面也相當廣，因此「聽證會」自早上九點揭開序幕，一直進行到下午五點半才結束。

綜合十二學者發言的內容，就立場與作法上來看，可以分成四類：

一、傾向修正現行省政府組織法，以求快速解決的計有張潤書、謝瑞智、陶百川三人。

二、傾向制定動員戡亂時期省政府組織法者計有郎裕憲、謝廷庚、朱石炎及胡開誠四人。

三、傾向修改臨時條款制定省政府組織條例者計有張劍寒、荆知仁、薄慶玖三位。

四、傾向依據憲法規定，訂頒省縣自治通則者計有陶百川、李鴻禧、鄭梓三人。

（雙十園雜誌）

省市議會可以有同意權麼？

周朝一位思想家列子，說過這樣一個歧路亡羊的故事：

楊子的鄰居走失了一隻羊，已經派自家人去追尋，又請楊子的兒子參加。

草率從事可能違憲

楊子說：「走失一隻羊，何須派那麼多人去追呢？」鄰人說：「因有多條分歧的道路。」

後來追者回家。楊子問：「找到羊了麼？」答：「尋不到了。」

楊子問：「怎麼會尋不到呢？」答：「歧路之中又有歧路，我不知應走那條路，所以祇得回來了。」

報載，執政黨中央十二人小組通過「地方自治法制化」議題的解決方案，原則決定分別制定臺灣省及臺北、高雄兩市政府及議會的組織條例，明定省市首長由行政院長提名，經省市議會同意後任命。

我對此期期以爲不可。那是一條歧路。

因爲：

第一，省議會經憲法規定是立法機關，沒有對首長的同意權。如果中央任意授予，以致侵犯了人民的選舉權，難免有違憲之嫌。

第二，行政院是省市自治的監督機關，如果它所提的首長人選須請省市議會審查和同意，於法自屬不合，而且如果不被同意，則它祇好重提，那將置體制和威信於何地！

第三，省市議會現有權力已經够大了，幸而首長不受議會控制，所以雙方權力尚稱平衡，中央政府尚能運用省市政府的權力以貫徹國策。如果議會掌有首長同意權，則首長的權力行使和施政作爲以及人民對他的觀感和崇仰，都會受到不利的影響。中央不可草率從事。

第四，不要以爲省市長普選會引起紛擾和賄選，不利於政風，而議會同意則可望順利成章。我以爲正好相反。例如在七十二位省議員中，有三十七張同意票就能過關，少一票就失敗，當事人就得竭盡所能以爭取之，紛擾和賄選尚能避免麼？監察委員的選舉殷鑑不遠，我們不可自我陶醉。

第五，這項同意權的創制對政治風波是否會有一點好處呢？是否能令人滿意呢？我的答案都是否定的。因爲憲法所授予省民的權利是民選省長，而不是讓少數議員享有同意權，以抵消人民應享的選舉權。所以憲法學者會反對，反對黨也會反對，有識的人民可能也不願接受，因而不能解決地方自治法制化所形成的紛擾問題，然則中央又何苦來哉！

逐步推進以副民望

我以爲解決這個問題，祇有依照憲法，制定省縣自治通則，准許省長民選，那是一條正路和大道。中央政府不應、恐怕也無法迴避。則何如早日宣告，並卽着手制訂幾種有關法規，逐步推進，這樣已非四、五年不可，然則政府現在何必就相驚以伯有呢？

於是中央政府就當先行修改省政府組織法，使臺灣省政府的編制和預算卽速合法化。

至於兩個院轄市的市長，我以爲應先准民選，以副民望。

我爲什麼要求簽署勞工人權宣言

——在勞工人權宣言座談會講話

一星期前，我看到勞工人權宣言的十二項主張後，我很欽佩，極願參加簽名，以了心願。乃打電話給胡佛教授，請他轉洽張曉春先生。

我對胡先生說，我在大學選修過一門勞動法，後在上海市政府勞工科任職，在上海工會書記訓練所講授「中國勞動法」，後又出版一部「中國勞工法的理論和實務」。抗戰前，我聯合工會領袖、勞工行政人員和專家學者組織中國勞動協會。來臺後一直重視勞工問題，關懷勞資爭議，且曾稍盡棉力。具備了這些資歷，我應該可以參與簽署勞工人權宣言吧。

胡佛先生立即轉洽張曉春先生，兩位都歡迎我參加。

日前聽說有人對宣言中有些主張很不贊成，因而不肯簽署，有的報紙也不肯報導。我很遺憾，也頗不解。因爲我認爲這些主張，正是三民主義的勞工政策，而且擇要訂在憲法中。六、七十年前已經是家喻戶曉，公開倡導，怎麼現在反成爲禁忌呢！

我想文中有些原則可能使人疑懼，尤其是罷工權一項。但罷工權早已爲民主國家所公認，即使我國，對罷工雖有限制，但並未根本否定。可是限制過嚴，罷工權會被扼殺，所以有心人士不得不呼籲將它恢復。

試想戒嚴尚可解除，黨禁尚可開放，罷工權何獨不可網開一面！所以戒嚴一旦解除，罷工權自應自動恢復。

但它那時仍非毫無拘束，例如勞資糾紛必須經過調解和仲裁，在調解仲裁期間當然不得罷工。而因有罷工權爲後盾，勞方的發言力量隨著增加，資方也有所顧忌，於是在政府協調之下，雙方協議較易成立，所以罷工權就可備而不用了。

我國經濟發達，社會繁榮，勞動界功不可沒，但是勞工的貢獻尚未獲得重視，收入尚嫌偏低，人權尚乏保障，所以我們要發表這個共同宣言，要求改進。我個人更希望在我有生之年能夠看到這個三民主義的勞工政策一一實現，使勞資雙方和國計民生同蒙其利。

謝謝各位，特別謝謝張曉春教授。

七十六年勞動節前夕

(附載)勞工人權宣言及其重點

《聯合報》社論

今天是五一勞動節，臺灣勞動人口超過六百萬人（包括自營作業之勞工），佔全部就業人口的百分之七十五；勞工問題的重要性，僅就這一角度觀察，便可見其一斑。

今年勞動節，勞工問題有兩項很重大的發展，一是政府擬進一步將勞工行政，提高到在行政院設立勞工委員會的層次，充分顯示政府重視勞工權益的政策趨向。另一是昨日有三十九位學者與民意代表連署，共同發表了一項「勞工人權宣言」，也充分顯示勞工人權意識的高漲。對於政府的作法，我們希望儘速能實現，對於勞工人權問題，我們也支持「勞工人權宣言」的意旨。

誠如「宣言」所指陳的，過去三、四十年之間，臺灣地區的經濟發展與社會發展，因工業化而形成失調，也隨著工業化過程失調趨向惡化。其中焦點，在於勞工是否充分享受應有的人權。「宣言」根據現有法規、世界勞工公約、人權文獻，並考察臺灣地區勞資權利與義務關係實況，提出勞動人權十二項主張，乃是在於呼籲社會重視勞工人權，確保勞工可以享有法定人權，藉以解決日趨惡化的經濟發展與社會發展的失調。這一旨意是應受重視的。

勞動人權的涵義究竟是什麼，「宣言」中列舉的具體項目有十二項，包括生存權、工作權、福利權、環境權、人格權、團結權、交涉權、爭議權以及參與權等等。其實，勞工人權尚不只「宣言」所列的這些，而且，就是依據所列的這些人權，應該具體提出的實在也不僅如此十二項而已。不過，在基本上這十二項，則如同「宣言」所提出，有關勞工人權的內容，爲當前社會健全發展，應該積極爭取實踐迫切解決的項目。顯然，是依輕重緩急原則，選擇應即著手解決的項目。

一般的說，「宣言」中列舉的十二項，原都是有法律依據的。換句話說，這十二項勞工人權，一一都於法有據；但由於徒法不能自行，勞工不能充足享有這些法定人權，因而才成爲勞工人權的問題。反之，勞工若能夠充足享受這些人權，當前的一些勞工問題，也就可以迎刃而解。不過，綜讀「宣言」中所提到的問題，我們認爲當前政府的勞工行政，必須認識兩點：

第一、工會唯有自主才有作爲

「宣言」列舉的十二項勞工人權，都有法的依據，因此，工會若能確確實實，獨立自主依法運作，貫徹所有法律確認勞工應享的權利，我們相信勞工自可發揮高度的生產力；譬如新竹玻璃公司前些時發生糾紛，原先的工會不能有所作爲，後經員工將理監事罷免重組工會，新組的工會因獨立自主，依法運作才實現自救自營，既保工廠而繼續生產，又使員工免於失業；更重要的是，勞資糾紛得以不陷於惡化困境，這是工會自主而有作爲的一個實例。

工會明明依法可以適當運作，卻無所作爲，幹部無論如何難辭其咎；工會不能自主，幹部本身應負一部分責任。其實，幹部應該認清，依照工會法以及其他相關勞動法規，徹底履行職責而使工會發揮法定功能，不僅勞工可享人權，更且社會可以健全發展；所以，工會幹部所作所爲，不僅爲勞工，更爲社會、爲國家。

第二、機構竭盡全責，勞工何必自保

「宣言」指出，十二項主張包含的各項權利，在憲法以及勞動立法均有明確規定。如果公權機構未盡全責，無法確保勞動者可充足享有這些人權，則勞動者有權利可以自力從事自保人權。這一確認自保人權本身亦是一項權利，在民主社會原也是一極其正常，也是非常平常的道理。

不過，我們認爲談到勞工人權，當前要強調的，不是勞工的自保權利，而是公權機構應盡全職確保勞動者人權；俾使勞動者根本不必運用自保權利。所以，政府勞工行政今後應注意依法運作，以其擁有的公權力盡責確保勞動者的權益，我們深信，政府勞工行政若能如此做，我們應可避免勞動者運用自保權利，也是消弭所謂自力救濟的惟一有效而又是積極性的途徑。

綜觀「宣言」論點，以及強調十二項主張，我們有兩點看法。其一是，公權機構能夠盡責實施，工會依法自主運作，在消極方面可以有效化解勞資糾紛，在積極方面能夠和諧勞資關係；勞工可充足享有法定權利，爭議自然無從興起。其二是勞資雙方權利與義務關係，應本乎公平、合理相互對待，勞資關係自可和諧，可以協力合作促進企業發展，而且增進社會健全發展。

最後，我們認爲誠如「宣言」所說，勞動者依法能够充足享有人權，是一低層目標，社會因而可以能夠健全發展才是高層次亦是最終目標，憲法明示的民享境界、民生主義的安和樂利理想才能落實。

（七十六年五月一日聯合報社論）

何所叮嚀？

——《叮嚀自選集》序

這套《叮嚀自選集》，是我悲天憫人憂國哀時的陳情表，也是我補闕拾遺補偏救弊的建議書。共計八册，（先出五册），書名如左：

一、《自由民主噹噹噹》。「噹噹噹」是打鐘的聲音，是和尚打晨鐘的聲音。「暮鼓晨鐘」，意在提醒人們不要忘了什麼。這本書的內容，就是我這個老「和尚」叮嚀國人不獨不要忘了，而且還要維護，自由民主的鐘聲。

二、《道揆法守鼕鼕鼕》。「鼕鼕鼕」是打鼓的聲音。我要以晨鐘提醒自由民主，自然也要以暮鼓提醒國人注重道揆和法守。孟子曾說：「上無道揆也，下無法守也，朝不信道，工不信度，君子忘義，小人忘刑，國之所存者，幸也」。嗚呼！可不愼哉！可不鼕鼕鼕哉！

三、《革新進步鏜鏜鏜》。「鏜鏜鏜」是打鑼的聲音。我們常用鑼聲號召或動員羣衆，而在古老的黃老社會從事革新運動和進步運動，如無鏜鏜鑼聲恐難振聾發聵，使其奮發有爲。

四、《吏治政風咄咄咄》。「咄咄咄」是詫異的聲音。本書專寫辦了八年的一個大案的故事，其曲折離奇不下於《今古奇觀》。

五、《反共復國喔喔喔》。「喔喔喔」是報曉的鷄聲。我們爲復國而反共，但僅靠反共尚不能復國，而且如果不能復國，反共也難成功。所以反共和復國，是一事也是兩事。我們自當兼顧並舉。「喔喔喔」祇是破曉的預報，何時大放光明，還有一段距離，還待大家努力。

此外，過一些時間，我還想續出下列三書：

六、《諫書彈章諤諤諤》。「諤諤諤」是直言極諫的神態。中國古時給事中或諫議大夫掌諫諍，御史掌彈劾，現在的監察院則二者兼做。本書所採印的諫書和糾彈案，尚非我的全部，而且有的從未發表。

七、《辨寃白謗吁吁吁》。「吁吁吁」是悲憤或驚奇的聲音。本書也是我做監察工作的一部分紀錄，多半未經發表。我嘗認爲糾彈需要勇氣，而辨寃白謗則需要更大的勇氣。我雖已盡力而爲，然翻案不如反掌之易，所以效果並不很大，有時惟有徒呼負負而已。

八、《補闕拾遺嘵嘵嘵》。「嘵嘵嘵」是爭論不已的聲音。書中包括兩部分：一是關於改進監察制度的意見，二是關於改進一般政治的商榷。中國古時曾用「補闕拾遺」作爲御史的另一官名，本書多半涉及監察院的制度或工作，但尚含有補充前出各書的意義。

我寫文章一向都不是爲取悅或好玩而寫，而都是爲叮嚀和呼號而寫，有如白居易所自道的：「爲君爲臣爲民爲物爲事而作，不爲文而作也」。大陸時代所出版的九種無一帶到臺灣，無從印證。現將傳記文學社或三民書局近來爲我出版的七種書名附錄於左，以供參考：

《知識分子的十字架》（傳記文學社）

《爲人權法治呼號》（同右）

《回國前後》（三民書局）

《監察制度新發展》（同右）

《我在美蘇采風探眞》（同右）

《美國對華政策透視》（同右）

《天下大勢老實話》（同右）

我這些聲音是怎樣來的呢？我想韓昌黎（愈）下列幾句話可以引用作爲說明：「大凡物不得其平則鳴。草木之無聲，風撓之鳴，水之無聲，風蕩之鳴。其躍也或激之，其趨也或梗之，其沸也或炙之。金石之無聲，或擊之鳴。人之於言也亦然，有不得已而後言。其歌也有思，其哭也有懷。凡出乎口而爲聲者，其皆有弗平者乎？」

其實世途崎嶇，宦海險阻，法治尚待昌明，正義常難昂揚，不平之事豈僅這套書中所述的一些而已。要平反許多不平，尚須朝野大家努力。所以我不敢過於矜持，毅然出版這套小書，希望有更多的人來噹噹噹，來鏊鏊鏊，來鏜鏜鏜，來咄咄咄，來喔喔喔，來諤諤諤，來吁吁吁，來嘵嘵嘵！

五十九年四月

賣淫也要開放麼！

隨著政黨的開放，許多壞事也想開放了，例如外國煙酒，但這猶可藉口於爲美國所逼迫，乃今日報載賣淫也將開放，那簡直不知人間有羞恥！茲剪附新聞一則如左：

「【本報訊】經濟部有意開放舞廳、酒吧、咖啡茶室的設立登記，並建議免除或大幅降低許可年費，以便將上述行業納入正常商業管理。

「經濟部商業司預定在第一次全國商業行政會議中，提出以上建議，如經採納，這些行業可望開放。

「經濟部商業司昨天表示，去年臺北市被查獲的違規舞廳達二百三十三家，顯示部分特種行業流入地下經營情形十分嚴重。

「商業司認爲，這種現象徒然造成逃漏稅捐，破壞政府法制與形象。所以如墨守成規堅持不准開放，只有百害無一利。

「經過商業司分析開放利弊，好的方面有：化暗爲明可有效管理、增加財稅收入，使民眾有正當休閒，建立政府形象與法律尊嚴。缺點是：家數可能增加。

「商業司主張，開放舞廳、酒家等設立登記，同時加重地下商業主持人處罰及刑責，在商業登記法中增訂『未經商業登記擅自營業，經主管機關命令停業，科處罰鍰拒不停業者，處一年以下有期徒刑、拘役或併科一萬元以下罰金。』」

這叫做「抱薪救火」！這叫做祇許「州官放火」！

針對臺灣的淫風，我曾多次建議兩項對策：

一、集中一地例如北投，以便於管理。其餘各地不准再設淫窟，原設者也須一律遷入集中管理的地區。

二、取消許可年費，恢復政府清白。過去藉口「寓禁於徵」政府每年徵收巨額賣淫保護費，現在證明「徵」不能「禁」，政府不可再取那些沾滿少女血汗的不義之財，而應爲國家保留一點人格和國格。

七十六年三月十日

貪汚也應假釋麽！

報載有力人士正爲貪汚罪犯謀假釋，我竊以爲不可。

第一，古訓：「利不百，不變法」。貪汚罪犯不得假釋，爲法律所明定，假釋對國家和社會毫無利益可言，何可爲之！

第二，自懲治貪汚條例施行二十餘年來，法院從未有依該法判處死刑者，對貪汚犯那様寬縱，所以對政風不能發生絲毫嚇阻作用。今乃對好不容易判罪的貪汚罪犯也想予以假釋，那簡直是對貪汚政風火上加油。

第三，主張貪汚假釋的理由無非是藉口人道主義。但對貪汚講人道和仁慈，乃是對政治和世道的殘害。

而且「有錢能使鬼推磨」，我知道許多貪汚人犯祇要花用貪汚所得的一小部份，就能住得舒服，偶而可以外宿，而且天天可向監所門外的菜館買進大魚大肉去享受，他們無需政府憫恕。

藉口政治開放，監所的烟禁現已正式解除了，而且……我們不可再出新花樣了。

七十六年十一月十二日

善謀苦幹迎向統一

答《文滙報》論速成統一和百年大計

——在和平共存中實現和平統一

近承友人先後從紐約和香港剪寄中共所辦文匯報七月六日一篇社論，正題是「在和平統一中實現和平共存」，副題是「讀陶百川文談和平統一」。該報所持這個論旨，與我的正好相反，我主張「在和平共存中實現和平統一」。

於是我頗想有所回應、批評和補充，但因茲事體大，一再躊躇，今天方決定寫出本文。

百年之計來自中共

文匯報社論的柱意，是文中這樣的幾句：「如果以先和平共存爲口實，把和平統一推至遙遠的將來，則這『和平共存』便成爲對抗祖國統一的手段。細讀陶文，提議和平共存『以百年爲期』，無疑與人民渴求統一的願望相違。」引伸它的論點，該報勢必已認爲我這「和平共存」「成爲對抗祖國統一的手段」。

其實這個和平共存以及和平統一的百年大計，不是我所發明，而來自中共領導人周恩來，他曾一再說過，國家統一所需時間，可能是十年八年，也可能是「一百年」。我手頭沒有他的原文，但我記憶猶新，文匯報更應記得。

此外，尤其重要的，是中共現在的領導人鄧小平，他在兩年半前尙在說：「一百年不統一，一千年總要統一。」而他這句重要的話，就登在一九八五年一月三日的文匯報。

寫到這裏，我看到美國副總統布希在他新出版的回憶錄中記述毛澤東的百年大計。他說：「毛澤東和季辛吉也談到臺灣問題。毛說，這個問題可藉時間來解決，可能是『一百年』或甚至『數百年』。」

毛、周、鄧三氏說這些話，顯然不是要把它們「成爲對抗祖國統一的手段」，而是持之有故，言之成理，忠於事實。他們過去的諾言雖不可盡信，但可作爲我的百年大計的旁證。

我這個百年大計的形成，也頗受影響於中共賴以收回香港的那個模式：「一國兩制，五十年不變」。試想香港的地是那麼小，人是那麼少，而且本來是殖民地，重以門戶洞開，武力脆弱，但中共要取而有之，尙須以「兩制」和「五十年不變」相號召，可見要想達成大陸和臺灣的統一，從一九四九年算起，自非一百年不可了。謀國之忠，見事之明，便應如此。

怕被消滅豈是成見

然則國家何以不能快快地統一呢？文匯報社論指出：「當前統一的障礙，就內部言，與其說是差別，勿寧說是成見，害怕統一而被消滅。『以中華民國投降中華人民共和國，以三民主義投降四個堅持』（陶百川語），就是這成見之一種。」如果說臺灣方面「害怕統一而被消滅」，這話一點不假。因爲中共確確實實想「以中華民國投降中華人民共和國，以三民主義投降四個堅持」。這是臺灣方面很眞實的大害怕，豈可輕視爲「成見」！

不錯，文匯報固會加以辯解，它說：「和平統一不影響臺灣推行三民主義，這已見諸北京建議，甚至可以大膽設想，和平統一是否就一定採用現有國名，恐怕也是可以探討的。」這自是針對我們所害怕的「以三民主義投降四個堅持」以及「以中華民國投降中華人民共和國」而言。但是不論國名改不改，中共在和平統一臺灣後，必將把臺灣降爲一個「特別行政區」，而它顯然是一個地方政府，不可能有多少自主權或自治權或發言權，在中共的四個堅持下，它還能施行其三民主義，而能不奉行中共的馬克斯列寧主義和毛澤東思想麼！然則臺灣能不「害怕」麼！

聯誼聯合以爲過渡

所以「當前統一的障礙」乃是中共的四個堅持，特別是其中的馬列主義和毛澤東思想及其所構成的具有所謂「中國特色」的社會主義，還有隨之而來的人民「民主」專政。

但要中共放棄那些堅持，在最近期間幾乎不可能。請看蘇聯革命成功今年已達七十周年，可是它的「蘇維埃共產主義」在經濟方面雖有修正，但政治方面則萬變不離其宗。然則我們何能希望中共放棄它的四個堅持！中共又何能要求臺灣與它統一！

但是我不放棄統一，我建議一個有爲有「守」可長可「短」的過渡時期。三年前，我把我的構想濃縮爲九句四言詩：

兩國兩制，本是同根，
志在統一，但非其時，
聯誼聯合，以爲過渡。
宣傳休戰，外交相扶，
和平共存，合作互助，
遇事協商，有予有取。
混合經濟，多元政治，
相期百年，民主均富，
水到渠成，一國一制。

十年前，我把海峽兩岸的政治關係分爲三個階段：最初的對峙階段，將來的共存階段以及最後的統一階段。共存階段又會有聯誼和聯合兩個小階段。

不幸雙方現在還處於對峙階段。何時以及怎樣過渡到共存或聯誼的階段，勢將取決於中共的做法。我對一九九七年中共統治香港以後的情形，抱著嘗試樂觀的心情。中共如果在香港做到民主法治，則北平臺北的關係就會進入和平共存。那將是最重要的階段和最重大的關鍵。從那年算起到「五十年不變」的最後一年二〇四八年，恰好是六十年，再加過去的四十年，正好是一百年。

西德發展可供深思

在共存階段中，雙方先行接觸和溝通，以增進友好的氣氛，我把它叫做聯誼活動。有了幾次嘗試和成就，如果雙方誠信增加，害怕化除，然後進一步建立一種協調、互助和合作的管道。我從前想到過不列顛國協（Commonwealth）模式，四年前方想到聯合國（United Nations）模式。

在聯合國模式中，雙方各准擁有固有的人民、土地、主權、立國原則、政治體制和國防設施，不相干涉，並摒棄武力或武力威脅。

在聯合國模式中，宣傳休戰，外交相扶，經貿合作，科技互助，遇事協商，有予有取。

在聯合國模式中，雙方各自推行多元政治和混合經濟，以達到民主均富。於是至多一百年（但願不要一百年之久）就可望水到渠成，從兩國兩制和平演進一國一制，而那個「一制」顯然一定是自由民主。

我寫本文時，適逢東德共產黨領袖何內克應西德之邀訪問波昂，於是西德政府和人民要求德國早日統一的希望又油然而生，但何內克卻說：「資本主義與共產主義，如同水火一般的難以相容」，一再明白表示統一無望。可是他也留下一句耐人回味的話：「如果兩德能夠繼續和平地合作，相信雙方的邊界有回復正常的可能。」

「三不」「四持」能放棄麼？

在分裂國家中，德國是比較高明而幸福的，但我看一百年也不能統一。越南最可憐。韓國是荆棘滿途。中國將如何？我很憂慮。因爲我不能像文匯報那樣樂觀，以爲「只要國共兩黨願意和平統一，和平統一便會翩然而至」。我也不能像文匯報那樣輕描淡寫，以爲「推動臺北當局放棄『三不』，是實現祖國和平統一的重要一環。」因爲「三不」如須放棄，但是中共的「四持」（「四個堅持」）呢？中共如果不能放棄「四持」，而要臺北放棄「三不」，那是不公平的，也是不現實的。

我欣幸文匯報和我能就統一這個大問題公開討論。我願意繼續奉陪，如果文匯報覺得尙有話要說。

七十六年九月三十日

大道之行面臨歧路

國策顧問陶百川廿六日應邀在國際青年商會中華民國總會參議員聯誼會早餐會上發表演講。講辭全文刊於廿七日的「自由日報」，本報特予轉載。（中央日報編者）

請先讓我講列子所述一個「歧路亡羊」的故事。列子卷八記載：楊子的鄰居走失了一隻羊，已經派自家人去追尋了，又先請楊子的兒子參加。

楊子說：「走失一隻羊，何須派那麼多人去追呢！」鄰人說：「因有多條分歧的道路。」後來追者回家。楊子問：「找到羊了麼？」答：「尋不到了。」

楊子問：「怎麼會尋不到路呢？」答：「歧路之中又有歧路，我不知應走那條路，所以祇得回來了。」

楊子深有所感，面有憂色，幾個時辰不笑，全天都不說話。

走向天堂也向地獄

以這個故事適用於今天的國是，羊是我們的國家，大道是我們立國的大原則和治國的大方略，歧路是那些旁門左道邪說異端，我們那些大原則和大方略，現正面臨歧路。我們如果走錯了路，我們的羊就會遺失。

最近我在一次演講會展望我國的前景，我很矛盾，我引用了狄更斯雙城記的開場白：「那是最美好的時代，也是最惡劣的時代；是智慧的時代，也是愚蠢的時代；是信仰的時代，也是懷疑的時代；是光明的季節，也是黑暗的季節；是充滿希望的春天，也是使人絕望的冬天；我們的前途充滿了一切，但什麼也沒有；我們一直走向天堂，也一直走向地獄。」

現在我要就立國治國具有關鍵作用的兩個大原則和大政略，民主政治和國家統一，加以檢討，看看它們是否面臨著歧路。

依據尚書，中國在四千多年前就已發明民主主義，說：「民惟邦本，本固邦寧」，我叫它民本思想，但是沒有民主政治。

經過幾千年的專制時代，到辛亥革命成功，推翻滿清建立民國，孫中山先生出任臨時大總統，民主政治略現曙光，可是他在位僅三個月。以後便是袁世凱稱帝軍閥混戰，國幾不國。

民國十八年國民黨統一全國，可是以黨訓政，以後又是八年抗戰，直到民國三十六年十二月二十五日憲法施行，民主政治粗具規模。

可是四十年來，政府因爲動員戡亂，憲法中有些民主條款不得不臨時凍結，執政黨也不得不尙以「革命民主政黨」自我期許和策勉。

至於中共則更以「四個堅持」，實施社會主義馬列主義和毛澤東思想以及隨之而來的「民主專政和中共領導，民主政治既已空前，勢必絕後。

由此觀之，民主政治雖是一條大道，但也有許多歧路。

議會政治未副衆望

去年執政黨舉行三中全會，蔣主席倡導六項民主改革，舉國共欽，舉世讚美。可是進展並不像大衆所期待那樣輕便和順利。我舉幾個例子：

第一、民主政治乃是議會政治，也就是所謂代議政治。人民不能直接執政，於是選出代理人爲他們從政，以後一切便由他們作主，有如盧梭所說，人民在選舉議員時是自由人，但把議員選出後，他們就成爲議員的奴隸了。尤其我國現在選風不良，賄賂公行，那些賄選出來的人，怎麼能够善盡民代之責呢！

而且長久以來，執政黨一黨獨大，資源豐富，在野黨或獨立人士絕難和它競爭於是形成一面倒，選出來的人就不免「黨同伐異」，自更難望發生制衡作用，有少數人甚至騎在人民頭上，胡作非爲。

還有中央民意機關這個問題。在很多人的心目中因爲老代表當退不退，功能不彰，有違民望，但一時無法解決。我曾衡情量力，提出一個五年計畫，建議依現任增額國大代表、監察委員和七十八年當選的立法委員的剩餘任期（尙有五年），在五年後改選時，將資深中央民意代表一併改選。但增額立法委員則須在兩年後改選時，比照那時資深委員的總數加倍再加一名選出，以增強本土代表性和議事能力。例如那時資深人數如爲二百名，則增選人數應爲二百零一名。

但因五年頗長，未必能蒙接受。所以議會政治，連帶累及民主政治，在臺灣正面臨歧路。

政黨政治不容變質

民主政治的第二要素，是政黨政治。議會政治可能發生的病患，通常都可用政黨政治去診治。

例如選舉風氣如果不好，但在兩黨對決或多黨競選時，各黨互相監視，自會約束自己的黨員潔身自好，以免辱及全黨，並提出最好的人選，最好的政見，以吸引選票，則選風應能好轉。

又如議會如果爲一黨所把持，當然不易發揮制衡之功，但在政黨政治下，既有了反對黨對政府自比較能夠監督、批評和制衡，則執政黨和政府便不敢也不能胡作非爲，政治自必較能清明和有效率。

但我們現在的政黨政治也面臨歧途。例如以在野黨而論，老的欲振無力，少的先天不足，後天失調，兩者一時都難當反對者的大任。至於執政黨方面，一向一黨獨大，權利獨佔，包袱不易放輕，心態難以適應，以致民主改革，事倍功半。

眼前便有四個敏感的問題難解難分。一是組黨三原則：遵守憲法，不得主張共產主義和分裂國土。二是組黨發起人的資格和人數。三是組黨許可和違法處分的審議。四是應否制訂政黨法。

組黨四個重要問題

這四個重要問題，我一向主張：

一、三原則應該遵守，也可明文規定。這是政府最初允許組黨的先決條件。新黨如果反對，勢將使人疑忌，很不明智。但政府也不必要求當事人須先提出書面承諾。好在法律本有強制作用，無待人民承諾而即可實施。

二、組黨條件不可太濫，也不可太緊。我主張應有選民千分之五即五萬人的發起。鑑於執政黨的黨員多達二百數十萬人，五萬人自不太多。

三、不必特設審議機構，尤其不必常設。我主張改採仲裁制度。如果政府不准設立新黨或予以解散而發生爭議，對方可交付仲裁，由雙方各選一位仲裁人，再由彼等共同推出另一位仲裁人，從事調查和協調。對其公斷，雙方都須服從。

四、關於政黨法問題，在我們去年從事協調中介時，執政黨自始就反對開放黨禁，而僅許設立政治團體例如黨外公政會，不准逕稱爲政黨，所以當然無需政黨法，政府那時也聲明須待將來。後來我們環請蔣總統准許人民直接組織政黨，他立准所請，於是就無以政治團體作爲過渡的理由了。所以除非執政黨將來故態復萌，不許使用「政黨」名稱，則現在便不必以「政治團體」「猶抱琵琶半遮面」而不肯制訂政黨法。

國家統一百年大計

現在我要談到立國的第二個大原則，國家統一，這比民主政治更重大，更多歧路，是我們走向天堂或走向地獄的嚴肅的選擇和考驗。

我研究這個問題已有數十年之久，三年前方建築了一條陽關大道，我把它名爲「國家統一的百年大計」，歸納爲這樣一首四言詩：

兩國兩制，本是同根，
志在統一，但非其時，
聯誼聯合，以爲過渡。
宣傳休戰，外交相扶，
和平共存，合作互助，

遇事協商，有予有取。
混合經濟，多元政治，
相期百年，民主均富，
水到渠成，一國一制。

十年前，我把海峽兩岸的政治關係分爲三個階段：最初的對峙階段，將來的共存階段以及最後的統一階段。

不幸雙方現在還處於敵對階段。何時以及怎樣過渡到共存或友好的階段，勢將取決於中共的做法，要看中共能否放棄四個堅持，但這是很不可能的。一九九七年中共收復香港以後的作法，將是一個重要的考驗，這就是鄧小平所說：「實踐是檢驗眞理的唯一標準。」如果中共能讓港人治港，實施多元政治和混合經濟，那時我們便可考慮和它和平共存，並在二、三十年之後以聯合國爲模式，與中共從事合作互助，共存共榮。

如果雙方合作得很好，然後談判和平統一，從兩國兩制進爲一國一制，而它當然是自由民主制。那將在六十多年之後，已到民國一百三十年代，從我政府遷來臺灣時算起，大約是一百年。

這個時間是否太長呢？中共的機關報香港文匯報，曾在三個月前以討論加以批評，說：「如果以先和平共存爲口實，把和平統一推至遙遠的將來，則這『和平共存』便成爲對抗祖國統一的手段，細讀陶（百川）文，提議和平共存以『百年爲期』，無疑與人民渴求統一的願望相違。」

其實這個和平共存以及和平統一的百年大計，不是我所發明，而來自中共領導人周恩來，他曾一再說過，國家統一所需時間，可能是十年八年，也可能是「一百年」。

四天前我看到美國副總統布希在他新出版的回憶錄中記述毛澤東的百年大計。他說：「毛澤東和季辛吉也談到臺灣問題。毛說：這個問題可藉時間來解決，可能是『一百年』或甚至『數百年』。」

不要走上錯路死路

此外，尤其重要的，是中共現在的領導人鄧小平，他在兩年半前尚在說：「一百年不統一，一千年總要統一」，而他這句重要的話，就登在一九八五年一月三日的文匯報。

周毛鄧三人這個百年之說，顯然不是要想「成爲對抗祖國統一的手段」，而是持之有故，言之成理，忠於事實。

我因而奉勸中共不要再高調「武力統一」和「速成統一」。同時我也奉勸我的朋友不要鼓吹「臺灣獨立」。那兩者都是國家統一的歧路、錯路和死路。

最後，我要朗誦今天早餐會的主題：「和諧、進步、愛」。和諧就不會鬥爭，不會分裂；進步就不會落伍，不會與時代和環境脫節；愛就不會仇恨，不會自相殘殺，然後可以實現民主政治，促成和平統一。天佑中國！

七十六年九月二十八日中央日報國際版

我們應有什麼樣的大陸政策

執政黨中央常會昨天通過成立五人小組，專案審議開放民衆赴大陸探親方案，未來開放探親之後，海峽兩岸之民間接觸必然大爲增加，執政當局須以何種政策因應？而關於學術、文化、經貿、體育等其他方面之民間聯繫，朝野應如何面對？在在成爲社會各界關心的話題。本報（自立晚報）自今日起分別針對前述問題，邀請學者專家舉行鼎談會，以求博採衆議，供各方參考。

今日刊出的是系列鼎談會的第一部分「我們應該有什麼樣的大陸政策。」

出席者包括：

陶百川（名政論家、總統府國策顧問）

黃光國（臺大心理系教授）

蘇永欽（政大法律系教授）

中國統一的四階段

陶百川：就目前海峽兩岸的客觀因素而言，實在看不出我們現行的大陸政策有任何改變的可能性，我個人也認爲暫時以停留在現階段較爲穩妥，剛才蘇黃兩教授談到的「德國模式」，事實上並不是統一的模式，反而是分裂的模式。從西德基本法、東西德間所簽訂的協定及東德首長歷次發表的相關談話，都足以說明東西德之間的關係，仍是很僵硬的分裂局面。

德國與我們較爲不同的是，東西德雙方較具現實主義的傾向，使得兩者妥協雙雙進入聯合國；而我們與中共連亞銀問題都無法解決，要談水乳交融的統一問題，眞是談何容易。

對於中國應如何統一這個問題，三年前我曾經提出過一項「中國統一的百年大計」，希望作爲統一的方針，我現在把這項計畫分爲四個階段。目前雙方仍然處在「敵對階段」，在這一階段中可以開放探親及共同參加國際民間組織，但是卻不能改變敵我對立的現實；到了一九九七年，中共統治香港之後，如果能遵守「一國兩制」承諾，容忍港人治港，維持資本主義及民主制度，則我們在主觀上可考慮變更敵對狀態，而進入第二階段「友誼階段」。

「友誼階段」應持續四、五十年，在這段期間雙方可以接觸、妥協，到了西元二〇四七年，「一國兩制五十年不變」已完成了實驗，如果情況不錯，就可以進步到「聯合階段」，彼此在政治上合作，並採用「聯合國模式」，雙方仍保有各自的土地、人民、國防及政府體制，不採用武力威脅對方，看看是否能經此合作，進入一國一制的「統一階段」。

進行上述四個階段的同時，我們要審愼觀察中共的反應，保持臺海的和平局面，使海峽兩岸能緩慢地、穩定地、進步地走上統一的大道。

百年大計原自周鄧

陶：也許有人會認爲「中國統一百年大計」太僵硬緩慢了，但是在歷史上，自俄國革命以來至今七十年，蘇聯的意識型態、立國原則、政策方向並沒有基本改變，也從來沒有一個共產國家改採自由民主制度的例子，因此我們雖然應有統一的理想，但在做法上一定要盡量愼重，香港文匯報曾批評「百年大計」的目的在阻止中國統一，事實上百年的期間是周恩來和鄧小平兩人過去的說法，我認爲從敵對到友誼到聯合再到統一階段，進度雖然緩慢，但總能維持「動」的狀態，雖然爲時稍久，但也是無可奈何的。

我方熱中無益有害

陶：統一的問題，除了我們單方面的努力之外，還要觀察中共的具體作法。如果不能取得中共的保證與證明。我們單方面強調統一只會造成臺澎地區的內部混亂，爲了中華民國的政權和一千九百萬民眾的福祉、安全，那是不適宜的。

七十六年九年十七日

統一政策當務之急

總統府國策顧問陶百川、臺大教授胡佛、立法委員張俊雄、立法委員趙少康等四人，日前在本報舉辦的「今後三、五年執政當局當務之急」座談會中，分別發表精闢言論之後，緊接着彼此又進行看法上的溝通與討論，整理如下。下文是陶百川先生的發言紀錄。

（民眾日報記者）

今後三、五年執政當局的當務之急是可能面臨國家統一問題。美國國務卿舒茲今年二月二十八日在上海舉行的「上海公報十五週年」談話中，論及美國對中國的政策，內容耐人尋味。他說：「我們的政策堅定如一，但是臺灣與大陸之間的情勢卻從未靜止，也不可能靜止。我們支持以持續漸進的方式和平解決臺灣問題」。

舒茲繼續指出：「無論如何，和平應由臺灣海峽兩岸的中國人來決定，不應受外界壓力影響。在美國方面，我們早就歡迎間接貿易與加強人員交流等這類發展。這類發展有助於緩和臺海緊張情勢，孕育一種環境，使這類發展持續進行，一直是我們堅定不移的政策。」

舒茲的談話，顯示出中國問題受到美國方面的注意，但我國民間不太了解。個人過去十幾年來，曾經針對此一問題發表過不少意見。

中共進入聯合國以前，我們採取「漢賊不兩立」的政策，彼此鬧得很僵。當時我的看法是，中共似非進入聯合國不可，我們應以「今天兩個中國，明天一個中國」政策去對抗：意思是中共如進入聯合國，我們不要退出，當時聯合國之中有很多國家雖然希望中共進入，但仍然支持我們，只要我們善於運用，將會對中共形成壓力，中共可能讓步。可惜的是，中共反對，我們也反對，我這目標無法達成。

中共進入聯合國之後志得意滿，當時提出了一個口號：「回歸、認同、統一」，我個人認爲先要「認同」，然後才能「統一」。所以我「強調認同而後統一」。這是說，立國原則彼此應先相同，可是當時正是毛澤東當權時代，不可能贊同三民主義統一中國，於是中國統一問題，一直陷入僵局。

後來中共看到「回歸、認同、統一」無望，馬上又改變爲武力統一的論調，即威脅攻打臺灣，並且不斷製造國際聲勢。當時我提出「和平共存，反對內戰」。很多人覺得「和平共存」確有需要，但問題是究竟採取何種方式。

我於是又提出「中華聯合國」模式，大陸、臺灣、蒙古、西藏、香港或澳門都可成爲中華聯合國會員國，一律平等，互相幫助，共同達到和平共存，慢慢走向和平統一。這過渡時間究竟長短如何，我認爲可能需要一百年。中共宣稱香港「一國兩制」之後，可保五十年不變，以香港彈丸之地，既然尚需要五十年，臺灣與中共合而爲一，當然非一百年不可。

以上這些看法，如「今天兩個中國，明天一個中國」，先要「認同」三民主義，然後才能「統一」，以及「和平共存」，「以聯合國的合作互助方式爲過渡，以一百年的時間來達成統一」，我在海外偶有發表，但國內很少知道。

大概在一個月以前，中國時報刊登了一篇海外學者高英茂教授的文章，題目是：「當前外交困境突破之道」，其中最後一段相當「大膽」，很少有人敢如此赤裸裸的提出來。內容如下：

「目前，有二個具體步驟，海峽兩邊可以立刻採取行動突破四十年來的僵局，並開始爲『和平統一』的前景舖路：一、中共應停止繼續施用國際統戰的壓力削弱孤立臺灣的國際地位，同時從正面促進在『一個中國』的大原則下，支持中華民國以『中國（臺北）』的稱號參加國際活動。

「二、臺灣方面則因應海峽兩邊的『三通』、『四流』：採取從放寬到開放的政策，主動協助大陸現代化及民主化的發展。如能做到這二點，海峽兩岸就有充分的機會，用實際行動及具體事實去證明『和平共存』的誠意及決心。同時採取具體步驟，用緩進的辦法，緩和緊張，建立互信，促進海峽兩邊所有人民的福祉及繁榮，如此，臺海兩邊的關係，就可以走上從『和平共存』過渡到『和平統一』的新階段。」

高英茂教授的看法，與我所說的「今天兩個中國，明天一個中國」、「聯合國模式」、「中國統一的百年大計」，大體上可說不謀而合。我認爲這是穩妥的想法，但過去被列爲禁忌。現在高英茂先生的文章沒有惹來什麼麻煩，是否表示政府解嚴以後，海峽兩岸關係現在可以提出來討論？

我今天所以提出中國統一問題，一來因爲，高英茂先生的文章允許刊登，乃是一個好預兆、好現象。二來因爲這一問題一定會愈來愈嚴重，我希望執政當局，必須早日好好地想一想，訂出一個可大可久的中國統一政策及其實施辦法。

七十六年五月二十一日

（附載一）陶百川的統一論

《中國報導》

近四、五年來頗受批評，但是他又發表了許多前瞻性的論調，這些論調又被事後證明多數實現，那就是陶百川。例如他在去年就說要取消戒嚴，這些現在都在進行中。陶百川說他要向總統建言，好像也做得到。這暫且不談。

最近高雄的「民眾日報」於五月十八日舉行了一場座談會，名爲「加速臺灣民主化制度化」，陶百川、胡佛、張俊雄、趙少康被邀請參加這項座談會。其中陶百川提出：海峽兩岸宜先認同目標以達和平統一。「民眾日報」五月十九日見報，有下面一段報導：

「總統府國策顧問陶百川特別提出『國家統一』問題。他認爲這個問題在今後三、五年可能變得更迫切、更緊張，執政當局應妥爲計謀因應。他的看法是：『今天兩個中國，明天一個中國』，在此共識下，海峽兩岸應先求認同目標，在『和平共存』下達成『和平統一』。他呼籲中共在國際上應停止壓迫，破壞中華民國，而中華民國亦應確定一套可大可久的對大陸政策及實施辦法，大家共同致力走向國家和平統一的目標。」

陶百川上述的一段話，明白指出在三、五年內國家統一問題要更迫切，而要求執政黨妥爲計謀因應。這幾句話出自國民黨中央評議委員之口，陶百川還是第一人，是否意味着他又如以前所說的要幫蔣總統分憂，此時尙言之過早，値得注意的是陶百川這段談話，當然應該給他適當的評價，換句話說，基本國策「三不」政策畢竟被陶百川的這番話所突破了。執政黨當局是否仍舊堅持「三不」政策？或採取陶百川的看法？或對陶百川的一番論調置之不理？因爲在民主自由觀點，陶百川的話只代表他個人意見，而非執政黨的政策。

五月十八日美國國務卿舒茲在國務院設宴歡迎中共軍委會「副主席」楊尙昆，聲明臺灣問題應由雙方當事人自行和平解決。但到了第二天（十九日）楊尙昆和舒茲在美國國務院會談，舒茲又重提他三月五日在上海的談話有效，重申美國支持和平解決臺灣問題的持續性。令人覺得舒茲的第一天與第二天所說的話，互相矛盾。但是在十九日華盛頓時間雷根接見楊尚昆，也表示臺灣問題應由海峽兩岸和平解決；雷根並說澳門、香港的和平解決，證明一個中國可以實行兩種制度。

從舒茲、雷根的談話再度證明美國政策還是有點搖擺不定。我們應該走那一條路到達統一，還是要多加深思熟慮。陶百川的看法，是否可取？

請大家重視陶百川的談話有何玄機？

（原載中國報導六十期）

（附載二）無條件談判有條件統一

——論「不完全繼承」與兩岸整合

王曉波

孫中山說「國家是武力造成的」，毛澤東也講「槍桿子出政權」，考諸國家形成的歷史，古今中外皆然。中華民國是「武力」造成的，中華人民共和國也是「槍桿子」產生的。「成王敗寇」本是人類歷史的鐵則，未來中國的統一理應是「武力」與「槍桿子」的對決，果眞如此問題就簡單了許多，但是，經過了戰亂革命一百五十年的中國，誰也不願意以內戰來解決國家統一的問題了，中國人有沒有智慧來和平統一自己的祖國，這是當代中國人的考驗和挑戰。解決兩岸問題總是要從現實出發，也就必須從現實的兩岸關係和定位出發。

也許國際法能幫助我們來思考兩岸關係和定位的問題，顯然中華民國和中華人民共和國是一個國家繼承的關係，在聯合國的席位和邦交國都是按照國家繼承的理論在進行的。但是，在實際上，這項中華人民共和國對中華民國的繼承並沒有全部完成，中華民國仍然保留了三十多個邦交國（雖都是小國，但畢竟也是「國」），原來的中華人民共和國對中華民國武力革命的繼承又在七十九年宣布「和平統一祖國」而終止了，這種存留的狀況，我們祇有姑且稱之爲「不完全繼承」或「不完全革命」了。也許北京當局企圖以和平繼承來取代武力繼承，但那是不可能的，天下不會有一個政權會自動的走下歷史舞臺的，未來中國的和平統一必須是基於平等互惠原則的整合，「誰也不吃掉誰」的。

今天兩岸的分裂，大體可以歸納爲二個因素，一是國家權力分配的內因，一是外力干預的外因。並且，外因必須透過內因而作用的。在蘇聯瓦解美國衰頹的本世紀結束之前，這正是我們統一祖國復與中華的歷史時刻。

玆願根據「不完全繼承」、「一個中國」和「和平統一」的原則，參考「一國兩制」和「國統綱領」，從現實出發，向兩岸當局提出以下之建議。

誰也不吃掉誰

一、國號問題：國號（包括旗、歌）是當然的國家權力的象徵，在「誰也不吃掉誰」的原則下，兩岸的國號都不能成爲新的統一的中國國號，雖然八八年熊玠教授曾透露中共領導人曾私下認爲國號也可以談判；又今年元月十三日《聯合報》透露，中共方面「主張不妨考慮擬出一個雙方都可以接受的國號，擴大雙方一個中國的共同點，以利邁向統一」。果眞如此，北京當局應該在適當的時機宣布：在目前，對外堅持唯一中國合法代表爲中華人民共和國政府，但統一後的中國，可以有新的國號政府，以補充「一國兩制」和「誰也不吃掉誰」的平等原則。

二、憲法問題：我們必須承認「一國兩制」是從現實出發的，除了再加上統一的新國號爲前提外，還必須制訂統一的新憲法才能實現「誰也不吃掉誰」的平等互惠原則。因爲「一國兩制」是根據中華人民共和國憲法的第三十一條，但是，臺灣人民從未行使過對中華人民共和國憲法的同意權，沒有權利當然也就沒有義務，所以，臺灣人民並無接受中華人民共和國憲法第三十一條所產生之「一國兩制」的義務。臺灣和港、澳不同，港、澳是殖民地，由中國收回主權。臺灣是中國領土，但祇要中華民國政府不放棄大陸主權，中華民國政府並非外國政府，臺灣主權之行使仍屬中國政府，並非殖民地，而是處於「不完全繼承」狀態。所以，要和平統一就必須有新的統一的憲法，可以在新憲法中闢出臺灣專章來規定「一國兩制」，明文臺灣有獨立的行政、立法、司法、財政、經濟、外事和防衛性國防軍事權力。臺灣專章應由兩岸協商產生草案，經由臺灣的國民大會通過實施。並且，應明文臺灣專章的修訂，臺灣人民有複決權，另外，爲保障臺灣人民的權利，臺灣的專章應明文一旦臺灣專章遭非法變更，臺灣有拒絕接受的權利，並擁有軍事自衛權。

停止外交競爭

三、外交問題：臺灣方面要求的「參加聯合國」、「雙重承認」，這當然是「兩個中國」，而與其表面上堅持的「一個中國」相矛盾。所以，筆者曾經建議過，從現實出發，在統一前應先停止外交競爭，以「兩岸共一席」作爲統一後的外交模式。臺灣的「凱子外交」除了浪費臺灣人民的血汗錢外，別無作用。停止外交競爭卽各自維持現有的邦交國，不再互挖牆角。兩岸共一席，以聯合國爲例，由兩岸共組代表團以新國號共享中國席位，有關臺灣的邦交國事務由臺灣代表表決，有關大陸的邦交國由大陸代表表決。至於邦交國方面也可援引，在新國號下，大陸駐邦交國大使館應設臺灣代表，臺灣駐邦交國大使館應有大陸代表；駐臺北的大使館可在北京成立領事館，駐北京大使館可在臺北成立領事館。以最近的例子而言，臺北在拉托維亞成立總領事館，北京應可接受拉國大使館，但必須由拉國駐北京大使館派駐臺北領事館，否則，就是違反「一個中國」原則。又如，南韓和南非，大陸需要與其有官方關係，可以不必迫使與臺灣斷交建立大使關係，祇需由其駐臺北大使館派駐北京領事館即可。這也許可稱之爲「兩岸共一交」罷，但卻是堅持了「一個中國」原則。

四、交流問題：自臺灣終止「動員戡亂時期」和「懲治叛亂條例」後，堅持禁止兩岸人民直接交流和拒絕進入「國統綱領」第二階段，這完全是不符中國人所說的天理、人情和國法。兩岸一衣帶水同文同種，理應比與任何其他國家的交流都要密切，孫中山有言「民族是自然形成的」，今天這種情形，完全是人爲的政治扼殺了民族的「自然」。並且，終止「動員戡亂時期」就是回歸中華民國憲法，中華民國憲法第十條：「人民有居住及遷徙之自由。」第一四八條：「中華民國領域內，一切貨物應許自由流通。」所以，禁止兩岸直接交流也是違反中華民國憲法的。而「國統綱領」既不是法律，更不是憲法，即使是法律，與憲法牴觸者亦屬無效。所以，臺灣當局可以舉一百個理由反對中共的「一國兩制」，但沒有任何理由可以禁止兩岸人民直接交流，其實兩岸談判亦然。

無條件談判有條件統一

五、談判問題：中華民國憲法原是一部統一的全國憲法，任何中華民國政府都有實現中華民國憲法所規定的國家統一的義務。「動員戡亂」即爲武力統一之手段，終止「動員戡亂時期」是終止武力統一，並非終止統一。終止武力統一後的唯一統一方式應爲和平統一，和平統一的唯一方式是談判。所以，臺灣當局在終止「動員戡亂時期」後，依憲法原則就必須展開兩岸之統一談判。但兩岸談判又是被「國統綱領」的第二階段所阻隔，並且，何時進入第二階段是沒有時間表的。這豈不是說，在進入「國統綱領」第二階段之前，中華民國政府不承擔國家統一的憲法義務？難道中華民國政府可以向憲法義務「請假」的嗎？這也是開世界各國憲法學的先例了。和平統一的兩岸談判，並不表示就必然立卽統一，而是兩岸條件談妥了之後才能統一。所以，根據「一個中國」的原則下，雙方放棄了武力統一後，就必須無條件的展開統一談判，至於何時能將統一條件談妥，那還得要有許多主客觀條件的成熟才行。兩岸武力統一了四十年未能成功，和平談判的統一也是沒有時間表的。這就是「無條件談判，有條件統一」。

統一前提秘密談判

六、談判模式：北京當局提出「黨對黨」會談，臺灣當局卽以「府對府」談判回應，而北京當局又深恐「府對府」將造成「一國兩府」或「兩個中國」的局面。其實，「黨對黨」和「府和府」都不是不能談的，如果兩岸對外都能堅持「一個中國」，對內的「兩府」也是現實問題。並且，民國元年的「南北和議」有現存的模式，北方當然代表滿清政府，南方當然代表中華民國臨時政府，但是，對外必須是「一個中國」。廓清了「內外有別」之後，「黨對黨」和「府對府」

其實是沒有什麼好堅持的。不過，有一點必須堅持，那就是堅持以統一爲前提的談判而不是臺獨（或兩個中國）談判，提不出統一條件的臺獨是不能參加談判的。另外，還有一點必須注意，兩岸談判的會前談判爲了避免外國干預，必須是秘密談判才行。八九年，「六四事件」後，布希即派密使到北京也是「秘密談判」的性質。

二十世紀祇剩下了八年，這是中華民族復興的契機，也是整個國際權力秩序重整的歷史時期，中國如果再喪失這一個歷史時機，中華民族的復興更待何年，甚至引發內戰，再度陷入萬刼不復之境。兩岸的和平統一不僅事關政治層面，並且必然帶動經濟、文化、社會的各個層面，甚至事關二十一世紀的國際秩序和第三世界等問題。面對着這個中華民族充滿了挑戰與希望的時代，不禁令人想起狄更斯在《雙城記》裏起始的那段話語：

> 「那是一個最好的時代，也是一個最壞的時代；那是一個智慧的時代，也是一個愚蠢的時代；那是一個信仰的時代，也是懷疑的時代；那是一個光明的時季，也是一個黑暗的時季；那是有希望的春天，也是絕望的冬天；我們的前途有着一切，我們的前途什麼也沒有；我們大家在一直走向天堂，我們大家在一直走向地獄。」

通信不通郵・探親不探共

——與國際紅十字會晤談兩岸民間接觸問題

本（八）月十四日下午，我和國際紅十字會一位高級人員奧立佛先生和他的朋友滕以魯教授在臺大校友聯誼社茶敍，研究該會怎樣幫助臺灣海峽兩岸離散家人通信問題。我與他們兩位素昧平生，是奧立佛在前一天以電話要我約他晤談的。

往事堪哀迄難釋懷

奧立佛先生說明來意。他說，國際紅十字會總會多年來協助大陸人士在臺灣尋找親友，先後共計四百多人，一向承蒙這裏紅十字會幫忙，但從去年八月份起就中斷了。

他爲我說明，國際紅十字總會設在瑞士日內瓦，那些請求尋人的信都是大陸紅十字會要求他們協助的，他們便摘要製作卡片，內容很簡單，祇有尋人雙方的身分資料，不提他事，寄給臺灣的中華民國紅十字會。但是那簡單的服務工作，也因政治因素而做不下了。

他說，那樣的工作現在還有需要。可是他在這裏接洽結果，尙不得要領。他說，他知道我熱心國事，所以特地向我呼籲，能否幫忙玉成其事。

於是我想起，不久以前，有人在路上央求我幫他把一封家書轉寄大陸。他說，他來臺後從未與大陸家人通信。現在老了。思家更切，要我做做好事。

我說：「你可以託海外親友代你轉寄。」他說，他孤苦伶仃，那有海外親友！

我想這是實情。但我與他並不相識，不應代他轉信，以免自蹈「不通郵」的禁令。我爲那事很感歉悵，迄今不能釋懷，於是對於奧立佛先生的要求，我表示願盡棉力。

服務上門能不感動

談到爲那些苦難的人收轉信件，奧立佛很感興趣。他告訴我，國際紅十字會決定開設香港辦事處，派他主持，辦公室已租好，他回港後就可開辦。他說：「你們雙方同胞如想請我們收轉信件，我們很願意服務。但雙方必須同意我們有拆閱之權，如果信中涉及政治，我們不便代轉。」

我說：「你們想得眞週到。但恐雙方沒有港幣支付你們轉信的郵資，也是枉然。」

他說：「不成問題，我們編有預算。」

我聽了暗自慚愧。他們是外國人，與我們不關痛癢，而竟把服務送上門來，我們能不衷心感動麼！

我說，我不負政治實際責任，祇有一支筆還能作桴鼓之應，我承允鼓吹一番。奧立佛先生說，他將與我們的紅十字會作具體的接洽。我呼籲政府能讓我國紅十字會與國際紅十字會達成協議。

老實說，在中共的三通中，通航當然不可行，通商如由民間去做，有何不可，而且事實上早在進行。最近甚至連會親也不禁止，例如報載李秘書長（煥）曾「特別指出，他個人贊成對大陸政策採取有限度而較開放的態度。他說，如果有人願回大陸探親，並無不可，倘願留在大陸，也不足爲懼。」（八月十九日聯合報），於是像我與奧立佛先生所說的「通信不通郵」，當然更無不可之理，甚至連「探親不探共」的民間接觸，應該也可相機辦理了。

兩岸探親自我作主

奧立佛先生也表示，海峽兩岸當局如果爲打開離散家人團聚問題的僵局而需要國際紅十字會扮演中介角色，它也可以協助。他的熱忱，眞可欽佩和感謝。不過我一直主張，我們政府可以自行訂定辦法來實施，不必與中共交涉，所以無需中介。

回憶民國七十四年，南韓、北韓的紅十字會，就雙方離散家人會面辦法成立協議，中共紅十字會乘機向臺灣紅十字會提出離散家人會面的呼籲，但立卽爲臺灣紅十字會所拒絕。理由是：「秉持基本國策，不與中共紅十字會作任何接觸或談判」。

我不贊成那種心態，曾經提供幾條簡單可行的辦法，要旨如左：

第一、團聚的適用對象限於父母子女或夫妻。

第二、政府先辦登記，凡有父母子女或夫妻在大陸而擬前往探視或迎其來臺者，都得於特定時期內向政府登記，聽候審核。逾期不予受理。

第三、抵達臺灣後，父母准許留下，受子女供養，夫妻或子女准留一個月，但得申請展期或再來。

第四、前往大陸探親的父母子女或夫妻將來是否回臺或何時回臺，政府不必限制。

安全須從多方考慮

申請出入境團聚的人數應該不致如想像的多，因爲時隔四十年，老的老了，死的死了，再婚的已無舊日夫婦關係了。但如恐人數太多，可以先辦出境探親，暫時不准來臺探親，或將來臺人數限制爲每月若干人。

此項探親交流，可由我政府自行辦理，不必與中共協商。至於中共准不准人回大陸或來臺灣以及准他們留住多久，都由中共自行決定，政府不必也不能過問。這就是我所謂「探親不探共」，——「探」訪「親」人而不「探」詢中「共」。

有關家人的聯絡，可由紅十字會在香港設一通訊處，收轉有關函件。

有人可能會說，中共既不講法，也不講理，會利用交流機會大量派人湧入臺灣，一次來上幾萬人至幾十萬人，那不是將會打翻臺灣這條救生船麼？是的，不可不有這顧慮，但我們也不是省油的燈。

而且在這亂世，國家安全的考慮，自當列爲第一優先，但這個有限度的探親辦法，對安全究竟有害或有利，似乎還應該就變化中的敵我現勢、潮流趨向、中美關係和冷戰方略（轉載）一併研討，善謀能斷，然後方能眞的避害圖利，愛民救國。

七十六年八月二十一日

（附載）舒茲「上海聲明」耐人尋味

拉薩特

美國國務卿舒茲二月廿八日在上海發表談話，論及美國對中國統一的政策，內容耐人尋味。我們支他說：「我們的政策堅定如一，但是臺灣與大陸之間的情勢卻從未靜止，也不可能靜止。我們支持以持續漸進的方式和平解決臺灣問題。」

舒茲繼續指出，「無論如何，和平應由臺灣海峽兩岸的中國人來決定，不應受外界壓力影響」。然後，舒茲發表了一段引起全球中國觀察家注目的聲明。他說，「在美國方面，我們早就歡迎間接貿易與加強人員交流等這類發展。這類發展有助於緩和臺海緊張情勢。孕育一種環境，使這類發展持續進行，一直是我們堅定不移的政策」。

是時筆者適在臺北，然後在上月底返回華府之前，曾前往北平。在臺北、北平與華府，對於舒茲改變美國對中國統一政策的措辭一事都有不同的闡釋。過去，這項政策曾強調三點：㈠海峽兩岸的中國人應當自行解決臺灣問題；㈡美國不會涉入；以及㈢美國惟一關切的，是問題應以和平方式解決。

美國主管東亞暨太平洋事務的助理國務卿席古爾，去年十二月於舊金山，在世界事務委員會席上發表演說，重申美國傳統政策：

「有些人敦促美國政府應當參與以促成中共與臺灣之間歧見的和平解決。不過，美國若是涉入，可能有產生反效果的危險。因爲至少二十年來，我們一直視此爲中共與臺灣應自行解決的內政事務。我們不會扮演中介角色，也不會就此事對臺灣施壓。我們把這個問題留待臺海雙方自行解決；我們最關心的，是解決必須用和平方式。」

國務卿舒茲發表的前述聲明，與美國過去的政策差別甚大，舒茲的談話暗示美國贊同北平與臺北增加接觸。過去的政策則強調美國除堅持海峽兩岸任何解決都需經由和平方式外，美國不會涉入。

這種差別可能非常微妙，但是在美國——中華民國——中共的三角關係中極具意義，筆者在旅途所聞對舒茲談話的各種不同闡釋卽爲明證。臺北方面，對於美國步步進逼，鼓勵臺灣與中共統治的大陸達成統一極爲關切。美國國務卿公開贊同「間接貿易和增加人員交流」，已被視爲示意中華民國應當改變官方針對中共實行的「不談判、不妥協、不接觸」政策。

由於中華民國在貿易、武器及政治支持上極爲依賴美國，故難免有以上闡釋。中華民國視統一爲「生死」大事，以爲美國作偏離以往的聲明，意在解決「臺灣問題」，俾能清除改進美國與中共關係的障礙。

相較之下，北平、上海兩地學者與官員對舒茲談話雖感興奮，但不形於色。他們認爲他贊同「間接貿易與增加人員交流」，是對中共一直請求雷根政府「助一臂之力」促成和平統一的首肯。自一九八四年十二月就香港前途與英國簽訂協定以來，鄧小平與其他中共官員就一再困擾雷根及美國國務院，要求美國發揮影響力，說服中華民國接受中共的「三通」政策，卽通商、通航、通郵。毫無疑問，本月中共與葡萄牙就澳門前途簽訂同樣協定，僅會增加這種壓力。

去年九月，鄧小平接受哥倫比亞廣播公司電視訪問。他告訴美國觀眾，表示希望雷根總統「就中國統一問題稍爲盡力。我相信美國，尤其是雷根總統，可以在此一問題上獲得若干成就」。上月在中國大陸與人交談，使筆者深信中國大陸許多人都將舒茲改變有關美國政策的措辭，視爲對鄧小平所提要求的積極響應。

筆者在華府還聽到第三種闡釋。不論在私人或公共聚會場合，美國國務院主管對華政策的官員都說舒茲僅以不同方式重述當前的美國政策。他們說，舒茲所提「間接貿易與增加人員交流」均屬對事實的觀察，而不是對政策的聲明。他們強調，至少在雷根總統領導下，美國不會對中華民國施壓，要求臺北當局與中國大陸作一了斷。

但是在臺北及北平所聽到的反應卻暗示此事可能不需另創其他說辭。一個在美國出生的中國人告訴筆者：「任何中國人都看得出來，舒茲的聲明偏向大陸的立場。」如果，如同國務院所作的保證，舒茲所言並不代表美國政策有所改變，則他的措辭或許也不應有所改變。

（作者爲美國傳統基金會亞洲研究所主任，原載四月二十四日亞洲華爾街日報）

勸中共回歸三民主義

我是三民主義統一中國大同盟推行委員會的常務委員陶百川在臺北對大陸廣播。各位鄉親、各位同胞：提到我們這個大同盟，它所以把三民主義與中國統一連結在一起，乃是因為這是中國統一的唯一道路。

回憶六十四年前，一九二四年，中國國民黨改組，許多革命青年和志士仁人參加了國民革命。我就那時加入國民黨。中國共產黨的領導人包括毛澤東、周恩來等也都加入。我們入黨和奮鬥的目的，就是為宏揚三民主義。足證三民主義足以救國救民，連中共也早有共識。民國二十五年，對日抗戰前夕，中共再度公開宣佈：三民主義為中國今日所必需，中共願為其徹底實現而奮鬥。

後來中共在一九四九年取得政權，推行馬列主義和毛澤東思想，把三民主義置諸腦後，大陸於是就遭受浩刼，生靈塗炭，國本動搖，毛澤東的統治也就崩潰了。於是中共領導人開始發覺馬列主義不能解決現代中國的問題，乃進而倡導社會主義中國化。社會主義如果繼續修正而中國化了，自必修向三民主義，中共如果同時更能放棄一黨專政，則中國便能早日統一。所以證之以這段歷史，在三民主義火炬的照耀下，中國統一的道路應該是相當光明的。

各位同胞！各位可能聽到去年十一月本大同盟另一位常務委員陳立夫先生對大陸廣播「鄧小平終於說了眞話」，他在結論中說：「我認爲一個人能說眞話，就是『誠』的開始，亦就是有勇氣的表現，有勇氣才能改過。我希望大陸全體同胞，能幫助並督促鄧小平鼓其大勇，從中國文化的大道上前進，埋葬不適合于中國的共產主義，實行三民主義。這不獨解決了大陸上本身的困難，同時開啓了和平統一之門，爲中國解決了大問題。於公於私，兩受其益。望速圖之！」

我們對陳立夫先生這個結論多有同感，但對中共近來所發生的一連串反對自由化的行動，中共並且從而又強調了四個堅持，則不免大失所望。爲了人民的福祉和國家的統一，我們希望中共好自爲之！謝謝各位，並祝各位平安健康快樂！

七十六年三月二十三日

（附載）從歷史經驗看中共武力犯臺的可能性

雷渝齊

報載，一項針對一百四十二位民進黨代表意見調查結果顯示，贊成臺獨者百分之七十一點九；認爲宣布「臺獨」中共不可能對臺動武者，更高達百分之八十五點六；萬一中共武力犯臺而美國會予以干涉者，有百分之五十二點九。如果往後的事實發展，果眞與這項意見調查相符，當然是臺灣人民之福。不過，我們也不可過分一廂情願，我乃於九月二十五日，在高雄市立圖書館演講時，從回顧歷史的角度，提出幾點淺見，供關心臺灣前途者參考。在座的高雄市政壇聞人民進黨黨代表朱勝號事後表示，某些觀點前所未聞，其觀念因我此次演講已略有改變。所以，有必要草成一篇短文，俾便就教於當天未來聽講的有識之士。

愈早宣布「臺獨」愈有利？

獨派認爲中共不可能武力犯臺的主要理由如下：

一、完成海峽兩岸統一大業，乃中共老一輩領導人的歷史使命感，但若要動用武力達成此一目標，恐非其他務實派人士所能苟同。就中國大陸本身的利益而言，一個繁榮的臺灣，在兩岸互補的過程中，對中國大陸有利無弊。特別是中共目前正全力推展國家四個現代化，一旦武力犯臺，勢必影響四化的順利進行，當爲明智之士所不取。

二、中共如違背臺灣人民意願而動武，非但會遭到國際譴責，而且美國政府更無法坐視。中共勢將顧慮美國軍事力量的強大及去年中東戰爭大勝後的高昂士氣，很可能不得不偃旗息鼓，以免自取其辱。

三、中共目前尚無穩操勝券的兩棲作戰能力，即使貿然動武，鎩羽而歸的機率很大。因此，臺灣愈早宣布獨立，愈有成功的可能。如果一味拖延不決，幾年之後，中共武力強大到足以輕易攻下臺灣時，恐怕便難有「獨立」的機會。

中共一向不按牌理出牌

這些說法，雖不無見地，但若回顧中共建國四十二年來四次對外戰爭的歷史經驗，似又都站不住腳。現綜合一九五〇年韓戰、五九年中印邊境戰爭、六九年珍寶島中俄之戰、七九年中越戰爭等四大戰爭之特色，簡述於後，便不難一目了然：

一、這四次戰爭，都是在最不利於作戰的情況下發生。五〇年十一月二十六日，中共以六十萬部隊，投入「抗美援朝」行列時，距其建國，不過一年，既無像樣的海空軍，國內經濟又極爲凋敝。同時許多臨時抓來當兵的農民，幾乎沒有受過軍事訓練，就上戰場，許多軍事學家看來，簡直不可思議。中印戰爭發生於左傾貿進錯誤政策之後，中俄戰爭在文革混亂達到高潮時發生，中越戰爭則是在十年文革甫告結束百廢待舉之時進行，可見中共動用武力，並非如同一般軍事學家評估最適宜發動戰爭的時刻，因而目前不利於中共武力犯臺的說法，從歷史經驗方面觀察，難以成立。況且，中共在這四次戰爭經驗中，均在不利於其作戰的情況下，達成了作戰目標，使得中共動用武力有與衆不同的判斷，殊堪注意。

兩大超級強權無可奈何

二、在這四次戰爭中，曾分別面對美蘇兩大超級軍事強權，非但未曾敗下陣來，而且還略佔上風，主要在於作戰的決心。中共發動「抗美援朝」戰爭時，北韓幾乎已全部被美軍及其他十五國聯軍所佔領，中共參戰後，前後不過兩個月，不但完全收復北韓失土，而且於五一年一月十五日攻入三十八度線以南的南韓境內，聯軍再度增援後，始於六月二十五日反攻至三十八度線南北對峙，直至和談完成，南北韓各自維持原有的疆界。中共自謙韓戰與美軍「平分秋色」，事實上卻略佔上風，因爲其協助北韓收復失土，則是不爭的事實。六九年珍寶島事件發生之初，許多軍事學家莫不預估蘇俄將入侵中國，特別是可能自新疆揮軍長驅直入，非但中共的馬隊無法抗拒蘇俄現代化的戰車部隊，而且蘇俄可以煽動與其一向關係不惡的新疆少數民族獨立建國，將使中共處於極爲不利的地位。可是，蘇俄當時竟然自我克制，未敢擴大戰爭，究其原因，不外中共具有不惜最後動用核武的決心。蘇俄深恐其歐洲大都市遭中共核武摧毀後，尚難以核武消滅中國散居各地的人民半數，故不敢妄動。美國雖於去年大敗伊拉克，但中共非伊拉克可比，而臺灣對美國的切身利害，又遠不如中東石油利益，美國願否爲臺灣不惜與中共一戰，實不無疑問。況且，美國尚有韓戰與中共交鋒的痛苦經驗，在三年的韓戰中，動員軍力五百七十多萬，死亡五萬四千餘人，受傷與失蹤十萬三千餘人，財產損失一百五十餘億美元，願否與中共再度交鋒，令人懷疑。

寸土必爭絲毫不願讓步

三、這四次戰爭之發生，莫不與領土有關。國民黨對中共「抗美援朝」，一向說是受蘇俄之唆使，而事實恐有未然，主要是當時美軍已攻至鴨綠江西南的楚山，隨時有渡江攻入東北的危機，故不能不參戰以化解危機。中印邊境戰爭的兩塊爭執土地，一是印度東北與西藏東南交界的地區，就是大衆所熟知的麥克馬洪線之爭，面積約五萬七千平方英里，另一地區是克什米爾東部與西藏西部交界處，約一萬四千平方英里。中俄珍寶島戰爭，除中共主張擁有珍寶島主權外，並主張黑龍江中線以南的島嶼，均歸中共所有。中越戰爭仍爲邊境問題，隨後中共不惜以強大武力攻佔其聲稱擁有主權的西沙羣島。中共在四次戰爭中，均完成其維護領土的目標，可謂寸土必爭，絲毫都不讓步。於此可知，中共連無人荒島的西沙島嶼，都不惜流血奪回，豈能坐視三萬六千平方公里的臺灣寶島「獨立」？況且，「臺獨」很可能造成骨牌效應，如果中共坐視不問，則西藏、新疆、內蒙等地，均將風起雲湧地要求獨立，中國尚能維持領土完整乎?所以，一旦臺灣獨立，中共不動武的可能性，實在是微乎其微。

化干戈爲玉帛的最佳方案

至於中共武力犯臺能否得逞的問題，固有待軍事學家作進一步的評估。不過，一旦動武，無論結果如何，對臺灣而言，均將是一場空前浩刼與歷史悲劇。因此，眞正關心臺灣前途的有識之士，切忌鼓動羣衆情緒走上這條滿佈地雷的危險之路，應該運用智慧，提出各方均能接受的可行方案，除滿足臺灣人民維護現行制度、生活方式與既有權益等實質「獨立」的願望外，又可消弭中共武力犯臺的危機，方爲愛臺灣、救臺灣的最佳途徑。

筆者認爲，當前解決統獨爭議危機的最佳方案，莫過於「統中有獨，獨中有統」，始能化干戈爲玉帛，將另行爲文述之，俾便就敎於海內外的有識之士。

八十年九月二十八日

中國前景柳暗花明

中華民國的前景

——走向天堂也向地獄

我首先要把「中華民國的前景」這個題目中的「前」字界定爲從現在到二十一世紀公元二〇〇一年。（附註）

在這十四年中，中華民國將會有很大的變化，變得很壞或很好。我現在引用狄更斯雙城記那部文學名著的一段開場白，以表達我的矛盾心理：「那是最美好的時代，也是最惡劣的時代；是智慧的時代，也是愚蠢的時代；是信仰的時代，也是懷疑的時代；是光明的季節，也是黑暗的季節；是充滿希望的春天，也是使人絕望的冬天；我們的前途充滿了一切，但什麼也沒有；我們一直走向天堂，也一直走向地獄。」

雙城記所寫的是法國大革命時代的一個悲劇。書中主角是卡頓，他和達尼同時與露絲・馬芮特相戀，而露絲卻選擇了達尼。他是一個法國貴族，被捕下獄，快將處死。卡頓因深愛露絲，不忍見其有喪偶之痛，潛入獄中，換出達尼，代他從容就戮。

法國大革命推翻帝制，建立共和，本是好事，但在十年過程中，暴亂迭起，生靈塗炭。先是革命黨人誅戮國王，掃蕩貴族，殘酷不堪。於是引起外國武裝干涉，兵連禍結。後來革命陣營又自相殘殺，先是激烈派殘害溫和派，羅蘭夫人在斷頭臺上大呼：「自由！自由！多少罪惡假女之名以行！」溫和派被殺盡後，激烈派接著內訌，著名的羅伯斯比，也不能倖免。最後乃造成拿破崙的軍人統治和帝制獨裁。

所以七十年後，狄更斯寫雙城記，對那個時代是既喜又悲。即使到了二百年後的今天，追念往事，我仍感到矛盾困惑。但有一點，我能確信，革命難免要流血，所以必須設法避免革命。而事在人為，即使法國那時也未始沒有避免革命的可能和機會，可惜路易十四、十五和十六未能好自為之而已。在我這個講話中，這是插曲，不必深論。

現在言歸正傳，試看中華民國在未來十幾年中的前景。

第一要件和諧和平

我國的前景，可能取決於幾個因素或問題。第一個是和平。這是說，和平將會決定我國是在走向天堂抑或走向地獄。

這所謂和平，包括兩個方面：一是我國內部特別是黨派之間，朝野之間，本省與外省人之間，勞資之間，師生之間，能否增進和諧團結？二是我們和中共能否保持和平抑或再打內戰？

在這兩者之中，內部方面尤爲重要，乃是關鍵。因爲我們內部如果失和，中共必將乘機來犯，我們必將玉石俱焚。所以我們必須特別重視和諧團結。

保持和諧團結之道，首重禮節。如果你們年輕人叫我「老賊」，或我叫你們「小鬼」，我們之間還能維持和諧麼？如果有人跳上發言臺，奪走我的麥克風，我們的演講會還能開得下去麼？又或我們之間互稱對方爲「匪」爲「逆」，我們還能和平相處麼？

其次，禮節或禮貌，是指社會規範而言，如果放在政治上，那就是法律。禮節有時不能規範對方，則便須使用法律。如果守法不謹，犯法不罰，社會失序，國家必亂，自無和平可言。

但是最重要的，乃是國人對立國之道須有共識和共信。誠如一位前輩所說：「共信不立，互信不生，互信不生，團結不固。」而此時此地，我們應以憲法爲共識和共信。如果我們捨這正道而不由，而另想制定基本法，鼓吹自決，宣傳臺灣人有選擇臺灣獨立的自由，促進一個新而獨立的國家，另一方面，也有人附和一國兩制，如果這樣紛歧鬪爭，國內自不能和諧團結，甚至內亂，則中共自不會坐失漁翁之利。

但是和平固須求「和」，也須求「平」，包括平等和公平。法國大革命所以發生以及一發不可收拾，主要原因就是不平，例如貧富不均和「朕卽國家」。

所以政府可以要求人民認同憲法，尊重憲法，人民也可要求政府實施憲法，貫徹憲政。這就是民主。

第二要件民主憲政

於是我須指出影響中華民國前途的第二個要素——民主。

我的朋友胡佛教授日前寫了一篇「政治的衝突與化解」（六月四日自立晚報），重述他多年來所呼籲的「回歸憲法」。他指出它有雙層意義：「一是認同的」，就是要接納現行憲法，也就是要對中華民國法統的認同。他說：「而我們對中華民國法統的認同，則表示承襲着血緣的中國、歷史的中國及文化的中國。現時的中華民國既在臺灣，我們當然要對臺灣付出更多的關愛。」

他的回歸憲法的另一層意義：「則是嚴格的遵守憲法所規定的政法結構，包括實體的及程序的。任何與憲法有違的法令規章及政治制度，皆必須加以摒棄。」

胡教授這兩層意義，可以稱之爲「認同憲法」和「貫徹憲政」。就是說，人民應認同憲法，而政府應貫徹憲政。凡此我都贊同。

現在政府已經一再表明要貫徹憲政，而且邁開積極的步伐。其中最重要的是解除戒嚴，那是民主政治的生存條件。

其次是開放黨禁，它與解嚴相比較，對執政黨自更富於挑戰性和傷害力。

再是開放報禁，也就是言論自由，它是人民一切自由的前提，沒有言論自由，縱使有了憲法、國會和反對黨，民主政治仍將似聾子的耳朶，不能發生作用，而且根本不能生存。

同時還有一個最現實也最困擾的中央民意機關的充實或改造問題，執政黨也準備作切合民主憲政的改革。

執政黨在蔣主席領導下年來提出這四大民主改革，實在難能可貴。我希望能夠取信於民，從此認同憲法。尤其在野黨派不可爲反對而反對，走上街頭，炫示威力，他日如果爲人利用，極可能引火自焚。則我們雖在走向天堂，但難免不會墮入地獄，法國大革命就是前車之鑑。因爲中共將有隙可乘，進犯臺澎，我們難免玉石俱焚。

臨時條款不可全廢

但我不贊成「廢除臨時條款」這個激烈的口號，因爲在此時此地臨時條款有些規定尚有必要。例如該條款第一條，授權總統可以宣告戒嚴，不受憲法第三十九條規定程序（立法院通過）的限制。這個便宜措施，在強鄰壓境隨時會有戰事的此時此地，實在利多於弊，而且也是事出無奈。因爲戒嚴如果必須先經立法院通過，則難保不會「議論未定」而敵人已經登陸。好在憲法和臨時條款都訂有「保險」辦法，立法院得隨時予以變更或廢止。其實立法院如果負責盡職，本來早在民國四十年代中美訂有共同防禦條約確保我國國境安全時就應以決議案移請總統解除戒嚴了。

又如再看臨時條款第六條，關於增選中央民意代表的規定，我們更可知祇有使用臨時條款的臨時方法，方能就臨時情況作出臨時解決，而不宜採取一勞永逸的修憲方法，以免自擾自縛。

雖然如此，我以爲臨時條款中有幾條根本沒有必要，有幾條早經事過境遷，已無實益，都可廢除。容當後陳。

最重要是國家統一

因此，第三，也是最後，我必須甘冒禁忌，提到國家統一問題，它包括統戰、冷戰和熱戰，乃是我們上陞天堂還是下墮地獄的重要關鍵。

這個問題雖然這樣嚴重，但是政府不願談，人民不敢談，我已經注意和研究了十餘年，一向也不敢多談，但懍於環境和形勢，知識分子應以天下爲己任，我還是陸續談了一些。

在中共進入聯合國以前，我國抱着「漢賊不兩立」的政策，寧爲玉碎。那時我的看法是，中共必將進入聯合國，我編了一個原則或口號：「今天兩個中國，明天一個中國」，以解困境。意思是中共如進了聯合國，我們不必退出，當時聯合國雖然希望中共進入，但仍有很多國家支持我國，只要我們稍具彈性，善於運用，它們將對中共施加壓力，中共可能讓步，我國不必退出。但因政府不肯瓦全，願意玉碎。後來雖欲瓦全而不可得了。

中共進入聯合國後，大力鼓吹「回歸、認同、統一」，我則強調先要「認同」，認同「民有民治民享」的民主主義，也就是三民主義。雙方如果不能認同立國之道，便無回歸統一可言。

於是葉劍英乃在民國七十年提出和平統一的九點建議，要我國統一於共產主義和四個堅持之下。它與中共現在大吹大擂所宣傳的一國兩制，仍想以中華民國降爲中共的一個地方政府——特別行政區。這當然不是我國所能接受的。

中共看到統戰無效，就揚言封鎖臺灣海峽，逼我談判。我乃強調反對內戰，和平共存。至於和平共存的方式，我曾提過聯合國模式，以百年爲期，試行和平共存和平競爭，以期待和平統一。

在對政府的老三不或老五不，所謂「不接觸、不談判、不妥協」以及「不迴避、不退讓」，我曾主張一個「新三不」——「不恐懼、不迴避、不投降」。

但是中共卻硬要我們投降——以中華民國投降中華人民共和國，以三民主義投降「四個堅持」，包括馬列主義和毛澤東思想以及人民民主（無產階級）專政，而且聲言必要時須使用武力。這當不是我國所能接受的。

時代變了政府也變

所幸「時代在變，環境在變，潮流也在變」（蔣總統），我國對統一和統戰問題的心態和做法，也不能不變了。

美國布朗大學教授高英茂先生近在臺北報上發表「當前外交困境的突破之道」，提出驚人之論說：「目前，有二個具體步驟，海峽兩邊可以立刻採取行動突破四十年來的僵局，並開始為『和平統一』的前景鋪路：①中共應停止繼續使用國際統戰的壓力削弱孤立臺灣的國際地位，同時從正面促進在『一個中國』的大原則下，支持中華民國以『中國（臺北）』的稱號參加國際活動。②臺灣方面卽因應對海峽兩邊的『三通』『四流』，採取從放寬到開放的政策，主動協助大陸現代化及民主化的發展。如能做到這二點，海峽兩岸就有充分的機會，用實際行動及具體事實去證明『和平共存』的誠意及決心。同時採取具體步驟，用緩進的辦法，緩和緊張，建立互信，促進海峽兩邊所有人民的福祉及繁榮。如此，臺海兩邊的關係，就可以走上從『和平共存』過渡到『和平統一』的新階段。」

這事最可注意的是該報和作者並未因此驚人之論遭到麻煩，而這在以前是不可能的。

最近報載楊力宇教授訪問馬樹禮秘書長一文，透露了一些消息。楊先生說：「當我（楊）提到（中國時報）四月二十二日主張允許親人團聚的社論時，他（馬）認為今日臺灣有充分的言論自由，這樣的觀點可以提出，但並不代表國民黨或政府的立場。」

善哉善哉！執政黨的民主改革雖起步未久，可是已在步步落實。我願天佑中國，我們是在走向天堂，中華民國的前途將是一片好景。

七十六年六月二十八日

（附註）這是我在遠見雜誌創刊一週年紀念演講會的講話。還有當時對聽眾所提問題的答覆，另載於後。

續談中國的前景

六月二十八日，中央圖書館的星期天不同尋常。早上八點多，地下一樓演講廳外人士雜沓，九點不到，一條人龍擺尾至大門外，有七十多歲的長者，有從「賓士」汽車下來的中年夫婦，有剛考完試的青年學生，還有遠自桃園、屏東、高雄趕來的讀者。他們雖年齡不同、背景各異，卻都有一個共同點：關心「中華民國的前景」。

十點正，只能容納六百人的演講廳，已擠了近一千五百人。走道、階梯、外廳、貴賓室到處有人或立、或坐、或倚，他們雖進不了會場，親睹演講人風采，卻不放過麥克風傳來清晰的座談實況。雖然陶百川先生一口濃重的鄉音，大家仍全神專注地側耳傾聽，場內鴉雀無聲。上午的一場，白髮對白髮，趙耀東先生與陶百川先生熱誠的愛國情懷，讓年輕人感動與汗顏。

下午的演講由壯年代的王建煊次長和章孝嚴次長擔綱。演講二時才開始，十二時半門外就大排長龍。入場後五分鐘不到，就已滿座。聽衆聽到肅穆處，神情凜然，安靜得彷彿置身默片中。聽到感動處，笑聲連連，掌聲不斷。聽到這一千五百人所發出的「中間的聲音」。

王建煊次長以堅定的口脗說：「臺灣的前途，在我們自己手中。」面對這些站了三個多小時的「親愛的朋友」，章孝嚴次長執意要站著答覆問題，以表達他內心的敬意。

這是遠見雜誌爲慶祝周年所舉辦的兩場座談會的現場點滴。這個政府官員與一般大眾表現共識、心靈相契的面對面溝通，已獲得每位參與人士的肯定。以下是四位主講者精采的回答現場聽者問題的摘要。（遠見雜誌編者）

有人問：請問我們需要什麼樣的反對黨？

陶百川答：簡單地說，我們不要重蹈法國大革命的覆轍。現在的反對黨——「民主進步黨」，我希望它能眞正做到民主與進步，而不要做到民主與革命。（掌聲）

不要帶民衆去遊行

我相當反對在民主時代裏，還提倡、強調革命。我的黨裏有好多同志總念念不忘革命；說到民主的中國國民黨，總要加一個「革命的民主」。革命和民主要能够相容並存，似乎是不可能的。

我也希望「民主進步黨」要注重民主與進步。我自己二十一歲參加國民黨，當時那是個革命政黨，是在野黨，要它不參加羣眾運動，是不可能的。「民進黨」在現在這個環境下，不能不走羣眾路線。但是我要勸告「民進黨」，羣眾路線可以走，但不要走革命路線；請願可以，向總統示威，不可以。

民進黨裏有個很重要的立法委員，我很欣賞他的話。他說，他反對把羣眾帶上街頭，但是可以召集羣眾在定點內講演、示威。定點是一定的地點，而不是遊走在馬路上。他說，他爲競選立法委員，幾個月內舉行了一百場公開演講，但是，他不把羣眾帶到馬路上去遊蕩。

我假定「民進黨」爲一個反對黨、爲一個希望推動民主，而自己能够執政的黨，如果要採取羣眾路線，希望不要把羣眾帶上街頭，而用教育的、文字的、講演的及請願的方式。這些或許都是必要的，但是一定要守住這個範圍。

我希望「民進黨」少生事，退出街頭，回到議會。我很反對街頭運動，因爲太危險了。

改革的意義

問：你是不是還在跟「民進黨」做溝通工作？

答：沒有。因爲做這個工作非常痛苦（眾笑），裏外不是人（眾笑）。我已八十五歲，本不計較這些。倒是同我一起的幾位，現在已與趣索然，我也許比他們還堅強一點。

問：蔣總統經國先生在當前民主改革過程中，曾經遇到那些阻力？

答：我想蔣總統在開始的時候，遇到的阻力很大，現在已經突破了。上次總統要中央推動民主改革，具有重要意義；他覺得時代在變、環境在變、潮流在變、形勢在變，國民黨也得變。

他為了解除戒嚴及開放黨禁兩個議題，舉行過三次高階層的談話會。第一次，是黨政的幹部；第二次，是情治單位；第三次，是軍人。分別重覆他的意思。經這三次談話會之後，大家都接受了；以至這幾個問題可以在常會裏迎刃而解。

學術交流應無界限

問：有人建議在臺灣成立「境外會議中心」，邀請全世界的人，甚至包括蘇聯、東歐、中國大陸的人來開學術會議，你認為如何？另外，中共有一萬多個留學生在美國，可不可能在這些人學成回大陸之前，我們允許一年一百個中共留學生到臺灣來參觀訪問兩個禮拜，再回大陸去。這樣是否可以讓他們自己觀察中華民國各方面進步的狀況，然後帶回大陸去？

答：對第一個問題，最近我的一位朋友提出一個折衷的辦法：政府可以不接觸、不談判、不妥協；但人民要接觸、要談判、要妥協。政府做政府的，人民做人民的，齊頭並進。這樣子政府的立場顧到了，實際的問題也可以迎刃而解。我贊成他的說法。尤其是學術交流，我們更應沒有任何界限。

第二個問題我也贊成。我最近建議政府允許海峽兩岸的家庭團聚。有二種人應有團聚機會：父母與子女，夫妻與妻夫。父母可以留下來受子女的供養，夫婦可以團聚一個月，但也可以要求再來。並儘量放寬從大陸來的人有機會回去。這不必要跟中共談判，我想我們也可以出一道難題給中共做做。我們現在要開放一些人到那邊去，這些人是我們經過實際調查有父、母、子、女、夫、妻在那裏。中共准不准大陸人民到我們這兒，是他們的事情；我們照樣放人出去。

至於中共留學生來這裏一段時間再請他們回去，我想這對反統戰很有好處。其實統戰不一定是壞的名詞，所以中共有統戰部。

這兩個辦法我想可以反制中共的統戰，實際上也是我們非常好的「統戰」。我們可以來個「『統』一海內外反共產主義『戰』線」，這有什麼不好？統戰畢竟不是中共的專利品。

（王慧美整理）

今年決定未來三年

——一些敏感重大問題的憂思和籌謀

形勢逼人，一些敏感重大問題，必須在今年確定對策，打定基礎。因爲現在形勢很好，正該及時努力，如果錯過時機，則兩三年後，時不我予，那時卽使急起直追，也會事倍功半。

「新春開筆，大吉大利」，預祝今年「風調雨順，國泰民安」。但是「天有不測風雨，人有旦夕禍福」，而「居安思危，思則有備，有備無患」，所以我仍須以戒愼恐懼的心情，不避冒瀆，就一些敏感重大的問題寫出我的憂慮和籌謀。

治法治人問題重重

我國，包括政府和社會，現在不是很安全和安定麼？會有什麼危難呢？我說頗多，姑舉五事：

第一，戒嚴解除，黨禁開放，可是善後措施的議論未定，暗礁頗多，而壞的方法足以破壞好的目的，我尚不能無憂。

第二，戒嚴解除後，報禁開放問題逼人而來。政府將會依照蔣總統務本務實的昭示自動解除報禁，抑或在拖過一段時間後，逼於形勢，被動開放，甚或拒不妥協？

第三，原列在蔣總統六大改革事項的中央民意機關及其代表問題，最長祇可再拖兩年，自應及早謀求對策，但就結構和代表的全國性和地域性的比重上頗難做得恰到好處，因而舉棋不定。

第四，這些高層次的政治問題當然影響遠大，但一般人民感受最深的，乃是行政效率之低和司法風氣之劣及其革新，而這些卻是知之非艱，行之維艱。因為它們不比那些高層次政治敏感問題那樣祇須決策當局一念之轉就能迎刃而解，但這些實務問題則須動員整個政府機構和人員痛下決心，發揮毅力，方能除舊佈新，脫胎換骨。

第五，「為政在人」，「人亡政息」。我國今日幸而有蔣經國總統在領導，他務本務實，中外同欽。行政院長也是一個關鍵人物，在民主憲政的正常運作中，他的功能實在不下於總統。我們的執政黨和政府已經準備好承先啟後的理想人才麼？

五個因素決定禍福

形勢逼人，這些棘手問題，必須在今年確立對策，打定基礎。因爲現在形勢很好，正該及時努力，如果錯過時機，則兩三年後，時不我予，那時我們即使急起直追，也會事倍功半。

何以言之？因爲：

第一，經濟未必能長保繁榮，而國計民生乃是一切施政的首要條件，必須未雨綢繆。

第二，中樞的領導功能，能否長保現在這樣堅強發皇？而鑑往知來，我頗憂慮。

第三，年來社會浮華，人心陷溺，政府苟安，士氣不振。對於革新進步，現在已感無力，再拖更難爲繼。

第四，大陸動亂再起，鷹派抬頭，他們的民主和改革，步子本來很小，今後如果再收緊，更反動，對我們自將增加威脅。

第五，政府快將解除黨禁和戒嚴，有人深怕洪水氾濫，幸而情勢尚好，但朝野各方如果不能務本務實，講信守睦，則二三年中難免會相激相盪，不和不安。

綜合這些因素，今年一年的做法及其成敗，可以決定未來的情勢。爲福爲禍，惟人自擇，而時不我待。

國安法有鎮靜作用

但我眼高手低，不能對症下藥，今天祇能就兩個敏感尖銳的課題，敬貢芻蕘之見，以求多福。

首先是國家安全問題。我一向以爲解除戒嚴對安全並無妨害。因爲第一，它已有刑法和特別刑法以及許多行政法予以保障，不必制訂新的國家安全法，那將是畫蛇添足，徒滋紛擾和疑懼。第二、解嚴後如果發生戰爭或叛亂，當地團長以上的部隊長可以宣告臨時戒嚴，總統可依憲法和臨時條款宣告全國或某一地區的戒嚴，不受憲法限制。

然則還有新訂國家安全法的什麼必要呢？政府何以尙須那樣堅持呢？我想它（國安法）可能有點鎭靜劑的效用，因爲很多人疑懼解嚴會對安全構成禍害，所以反對。當局乃訂國安法，以謀善後，他們望文生義，以爲安全仍有保障，方始安心，不再反對。

幸而它祇有寥寥十條，戒嚴法中的苛法（例如第十一條所規定的）並未借屍還魂，不致危害人權自由。所以我以爲不妨將計就計，讓它早日完成立法程序，俾戒嚴得隨而解除。

政黨規範應民主化

其次是政黨規範問題。時論對此頗有疑懼，從而可能發生爭執，共計三項：

一是發起人的數額和資格。七年前我建議分爲兩項：

甲、有本省人口千分之五約九萬人的聯合申請，可准組織新黨。這個數目雖大，但比諸國民黨有兩百萬黨員的大數目，它應該不足爲奇。

乙、有上次中央民意代表同類（立法委員或國大代表）選舉中獲得三十萬票以上的候選人（包括當選人或落選人）聯合申請組黨，也應照准。

現在聽說行政院的草案主張二百發起人，其中包括民意代表十人，就可組黨。

以上三種標準各有道理，似可並存。

二是政黨守則問題。行政院草案列舉必須遵守憲法、堅持反共國策和不主張分離意識等三個原則。有人因它沒有罰則，不切實際，以為不提也罷。我則以為它是有感而發，非此不足以袪人疑懼。而且這是一種「訓示」規定，有似憲法第二十條：「人民有依法律服兵役之義務」，民法第二百十九條：「行使債權履行債務應依誠實及信用方法」。這些條文中也都沒有訂下罰則，可是能够喚起注意。至於如何處罰，自有他法可以參照，或由他法予以規定。如果兩者都沒有，則就把它視為一種訓示或注意事項，發揮一點預警作用，有何不可，何樂不為！

由中央選委會監督

但我很重視政黨登記及其機關問題。報載行政院草案規定，設立政黨先須取得內政部的許可，經核准後方可籌備，成立後並須向法院登記。全案須經兩道關卡，較現行人民團體組織法所要求者尤為苛細。我以為不必如此繁複，且恐妨害結社自由。

我一向主張政黨的監督機關應為中央選舉委員會，由它主管政黨的設立和解散等事宜。但現行中央選舉委員會的組織原則尙應多元化和民主化。例如該委員會尙可增置副主任委員和副秘書長各一人，由非現職官員或非執政黨黨員充任；執政黨黨員之充任委員者不得超過二分之一，其餘應由他黨黨員或信譽卓著的社會人士充任之，以昭公允並臻公道。

限於篇幅，我現在祇能寫到這裏。其他應該趕在今年做好的國家大計，祇能留待他日再陳述和請教了。

七十六年二月一日

解嚴後國內政治情勢發展與國家前途

蔣總統以無比的魄力和決心於昨天宣告解除臺澎地區施行了三十八年多的戒嚴令，海內外朝野均引為中華民國劃時代的大事。

本報（中央日報）在解嚴前夕特邀請國策顧問陶百川、中央研究院院士許倬雲、政大政治研究所教授江炳倫、荊知仁、臺大政治系教授呂亞力和政大法律系教授蘇永欽等專家學者（發言序），以「解嚴後國內政治情勢發展與國家前途」舉行座談會，由本報代社長黃天才主持，與會學者就解嚴後，國內情勢將有何種演變，如何因應？如何建立正常的法制體系，以規範各種政治活動及人民權利義務之行使？朝野之間應建立何種政治共識，如何建立？執政黨如何加速改革腳步及作法，以因應新的政治形勢？如何建構一個多黨政治良性競爭的環境？如何舖陳未來政治傳承的軌道？

專家學者均推崇蔣總統宣告解嚴是大仁大勇和大智的表現，並且呼籲民眾應該珍惜解嚴的成果，不要辜負了解嚴的神聖意義，對於社會在解嚴後可能產生的「活潑」和「混亂」現象，學者認爲這股壯濶的波瀾是開放社會的表徵，不足爲慮，政府應趁勢繼續努力尋求充實中央民意代表等其他議題的解決。（中央日報編者）

解除戒嚴可謂國民黨六大政治革新議題中最基本的一項，其最大的意義，是結束了軍事管理，代之以民政管理；結束了軍事審判，改用司法審判。過去雖然有人說戒嚴只實施了百分之三，但戒嚴卻仍然有如一頭放在籠子外的老虎，隨時都可能出問題，因此不能不把戒嚴令解除，把老虎關回籠子裏。

執政黨解除了實施已三十八年的戒嚴令，我在此表示很大的敬意。解嚴最好的時機原是民國四十年到五十年代，那時候我國與美國共同防禦條約還有效，我國最大的敵人中共內部仍然紛亂，反對勢力也尚未形成；但到了六十年代，國內外發生了許多不幸的事件，包括尼克森訪問中國大陸，並發表「上海公報」、我國退出聯合國、日本、美國承認中共、美國廢除防禦條約、先總統　蔣公崩殂等，一直到現在都還是危機重重。

民國六十年以前我曾一直鼓吹要求解嚴，到了六十年以後我不再公開談解嚴，這段時間，韓國、非律賓、波蘭、南非等國一一解嚴，常常引起我的理想和興趣，是不是我們的國家也有解嚴的一天？但我不再公開鼓吹，因爲國家處境仍然非常艱難，如今，蔣總統宣告解嚴，其謀國之忠，及其對憲政體制維護之苦心，可以說是大仁大勇和大智，值得欽佩。

但是我也必須在此指出，解嚴之後，社會如果發生大的動亂，使國家安全發生問題，爲了維護國家整體的利益，政府可能恢復戒嚴，而且是非常容易做到的。變亂地區駐軍的一個團長總可以宣告局部戒嚴，總統在必要時可以不受憲法限制，不必立法院同意，再度宣告全國戒嚴，那麼我們花了那麼大的力氣，下了那麼大的決心，排除萬難來解除戒嚴，不是又落空了嗎？

此外，解嚴還有一個更大的意義，就是解嚴是爲實施民主改革，這是國家長治久安的基礎，所以政府就要開放黨禁。如今兩黨制在我們的國家已經名實不符，在政府所草擬的方案中，已經趨向多黨制。但我認爲組織新黨不必規定要有相當數目的民意代表，這樣的條件就太窄了，我建議在結構上增加兩個條件：一是如能聯合同類選舉中得到相當數目的選票的候選人可准組黨，不一定要有現任的民意代表。還有就是讓一般民眾也有組黨的權利，只要他們能聯合相當數目的民眾，也可申請組黨。

其次中央民意代表全面改選問題最棘手，沒有人能動這樣的大手術。我建議一個過渡辦法，先解決立法委員的部份。因爲增額立法委員兩年多後就要改選，而增額國大代表和監察委員的改選則在五年多以後，急其所急，先考慮立法委員問題，四、五年後再考慮國代和監委問題。我建議准許資深立委繼續行使職權，但同時必須大量增選增額委員以增加其比重，例如在下次選舉時把增額委員增加一倍，共選二百名。那時資深委員必已少於此數，即使任其共同行使職權，增額委員自必超過資深委員的人數和實力，並具有充分本土化的代表性，足以發揮議會政治的功能。

同時，政府也可鼓勵資深委員自願離退。以我爲樣本，如能給以更好的禮遇，很多人會自動求去。

七十六年七月十三日

（附載）政治革新與臺灣前途

丘宏達　張結鳳

關心中國統一問題的美國馬里蘭大學法律學院丘宏達教授，於八月中下旬在臺灣逗留數天，親身體會到臺灣在變革中的氣氛，經港時接受本刊訪問暢談感受。

丘教授非常歡迎年來臺灣的政治革新，不過他認爲起步太遲，起步後又脚步太快。他認爲臺灣的變革對大陸是很大的衝擊，解嚴之後，更多的臺灣人在探討臺灣的前途……

更多人考慮臺灣前途

張：丘教授，你在臺灣停留這幾天，剛好是臺灣宣佈解除戒嚴不久，而且一項接一項的開放措施都陸續推出。您感到變化很大嗎？

丘：眞的是變化很大！

從前有黨禁、報禁的時代，我們在美國，最怕人提到這些事情，好像很羞愧似的，作爲中國人，自己的國家沒有民主！

早在七九年之時，已有人提到這樣的建議了(指解嚴)，可是軍人的勢力一直很大，干預，要將他的權拿去，不成。孫內閣在八三年之際也曾做深入的研究，後來因爲他生病，就擱下了。解嚴對大陸是很大的衝擊，也有很好的國際形象。但這問題最後一定要經最高領導，而他不一定這樣了解實況。

這次在臺灣，發覺知識分子更多地考慮臺灣前途。臺灣未來的出路祇有三種可能：㈠統一；㈡維持現狀；㈢獨立。民進黨的所謂「自決」就是要把這些可能性列出來讓臺灣人自己選擇，但實際上，臺灣不可能成爲一個獨立的國家，一提「獨立」，更容易惹惱中共，製造臺灣海峽的緊張。所以民進黨的「自決」主張，在臺灣沒有多少人贊成的。

民進黨如果不堅持「自決」的主張，應該可以成爲很好的在野黨。它敢於提很多問題，都是羣衆歡迎的，可是「自決」這包袱放不開，因此不大得民心。

張：似乎他們是因小失大了。

丘：這些主張「自決」的人不大了解，他說我們不罵中共，我們跟中共友好，而國民黨跟中共打仗、打死那麼多人，所以他們有仇。其實他們不曉得中共分析這類事情，有所謂「敵我矛盾」和「人民內部矛盾」。「獨立」對於祖國是最大的「敵我矛盾」；跟國民黨打仗，相對而言祇算是「人民內部矛盾」。對付敵我矛盾，他就要用武力了。所以中共是情願給國民黨罵也不要讓你成為一個獨立的「臺灣國」。

解嚴對大陸造成衝擊

張：現在臺灣還有人相信「三民主義統一中國」嗎？

丘：要看國民黨怎麼做，他如果做得好，還是很多人有信心的。可是中共的「四個堅持」，就假定了中國不適合行民主，不過，現在臺灣的逐步民主化，已經給中共很大的衝擊，大陸自己也很難自圓其說：為甚麼那邊的「反動派」也有民主，反而你這個「正統」的沒有民主？這是行不通的。

另外中共現在對外接觸多了，「民主」這東西，你當然可以講十萬、一百萬個壞處，但比你這個（指共產主義）總好。實行民主，「一言堂」根本就行不通。

臺灣的變革可以對中共造成很大的衝擊，可是國民黨很怕共產黨，祇是空喊「三民主義統一中國」但是又不去做。國民黨強調不接觸嘛，不接觸怎麼影響人家？

不過這次國民黨解除黨禁、報禁，對大陸的衝擊比印再多的宣傳單張送過去都有用。大陸的知識分子會比較：到底共產主義的優越性在哪？大陸控制一切新聞媒介，不要說「報禁」，連

「雜誌禁」也不開放哩！經濟上已經出現這樣的問題了，大陸上的人已經在問：爲甚麼我們那樣窮、人家那樣富有？

張：中共也有藉口，大陸人口太多、地方太大……。

丘：這是最講不通的，臺灣人口密度五倍於大陸，大陸有資源，臺灣沒有資源。臺灣祇有人的資源，可是爲甚麼臺灣能把人弄成能賺錢的、有用的人？大陸就把人弄成不會賺錢的？

張：教育問題。

丘：對呀。中共把錢用來做飛彈、搞衞星，不重視基礎教育。中國的教育經費是全世界倒數第二的。中共現在的教育預算佔整體預算大約是百分之六，臺灣是百分之一三。

充實中央民意代表機構

張：繼宣佈解除戒嚴之後，國民黨好像正在一步一步地做，推行民主化。

丘：對呀，所以遠景是不錯的。

張：李煥（國民黨中央黨部秘書長）最近已提出了，準備改革中央民意代表的結構。

丘：這個若解決了，我想就沒有甚麼問題了。中央民意機關改革後，權力分配比較合理化，那麼「自決」的吸引力就很小。

張：現在有關充實中央民意代表的問題，主要有兩個關鍵：第一是資深的代表是不是願意退下來；第二是要不要設大陸代表，假如設的話，怎樣選出來？在臺灣，不可能選出每一省籍的代表呢！

丘：設大陸代表，我想祇能是象徵性，不可能每一省都有，另外，大陸的人代會是沒有權的，可是臺灣的立法院有權，可以決定財政預算，因此，外國籍的人也不應該當立法委員。不過將來的中央民意代表肯定要在臺灣本土選出的。至於要不要設大陸代表嘛，我看既然臺灣人也是中國人，臺灣人也代表中國。可是過渡時期是比較困難的，總需要一些大陸代表。

張：憲法上規定民意代表必須從各省選出。

丘：那就祇有再把「動員戡亂時期」的條款拿出來用了。不修改憲法，表示我們對統一的目標沒有變。政治現實與理想需要妥協，完全由臺灣選出便祇能這樣。設大陸代表，中共應該歡迎的，至少表示國民黨政府希望統一的心態，中共就不會有臺灣「獨立」的疑懼。完全不要大陸代表就有分離的傾向。從與大陸的關係來看，還是設一些象徵性的大陸代表比較好。可以有保障名額，但不能太多。我想外省人佔民意代表的百分之十五就很好。

張：假如要改選的話（包括立法院、監察院和國民大會），是不是全面改選？

丘：很難，祇能局部改選，希望三、五年內可以解決。

張：陶百川最近提出的主張也是預計五年完成。

丘：我想比較重要的是立法院。現在立法院裏資深的代表大概兩百多人，能夠經常參加開會的祇有一百人。那些身體不好的、住在醫院的，應該想個辦法讓他們退休。有的人也想退休，但退下來他就沒有收入。

張：發給他們退休金就行了。

丘：應該是這樣，但現在沒有具體的辦法。假如退休辦法公佈以後，資深委員大概祇剩下七、八十人，然後擴大「增額」選舉的名額人數就成。過幾年就慢慢完成汰舊換新的過程了。這個辦法不是很痛快，但不會引起很大的衝擊。有些資深委員已經表示想退休。

張：那麼問題就有了解決辦法了。

丘：國民大會比較麻煩，九百多人，人太多。增額一百多人，另外上百人已經拿到外國籍，去掉這些還有七百多人，很難一下子退那麼多，祇能慢慢淘汰。

起步太遲跑得太快

張：現在美國對臺灣的影響大嗎？臺灣近來的變革美國怎樣看？

丘：美國不贊成臺灣獨立，不過，八二年的「八一七公報」說得清清楚楚，美國無意支持兩個中國或一中一臺，不過，有一段中共堅持要放進「八一七公報」中的，美國拒絕了，當時中共希望寫上「美國無意支持一個中國兩個政府」。美國顯然是支持一個中國兩個政府。

張：美國一直的表現都是這樣。

丘：至於臺灣內部方面，美國希望臺灣的社會安定，因此希望臺灣各方面勢力能夠擺平。對於最近的政治革新的措施，美國經常發表聲明表示支持。

張：會不會變得太快了，又可能出現問題？

丘：對，變得太快了，開始是有點不適應，畢竟幾十年沒有變嘛。在發展經濟方面，臺灣有比較長遠的計畫；但是在政治方面的發展計畫便太保守。開始是實行地方自治，開放部分中央民意代表名額……太保守了，積累的壓力就大，最後不能不一次放開。但是從政治發展來看，一次放很不利，衝擊太大。

張：不過從人民的角度來看，變得快也反映出政府的決心很大，也是值得歡迎的。

丘：現在就要慢慢調適了。西方的民主發展比較漸進，美國從獨立以後，一直到一八六五年內戰，纔有選舉制度，婦女到一九二〇年纔有選舉權，到一九六五《民權法》通過，黑人纔有參與政治的權利。英國也是慢慢發展的。但是因爲資訊發達，帶來了立卽民主的訊息，立卽民主可能會造成混亂，一有動亂，自然就是軍人干預來維持秩序了。很多第三世界國家都發生這樣的問題。在動亂和獨裁之間，一般人還是喜歡有秩序。早期 國父的三民主義訓政時期，從西方的政治學理論來說是不通的，但是現在回想，這個構思是有遠見的，「民主」需要過渡時期。國民黨的問題是過渡時期太長，它因爲有中共的威脅，所以一直在國家安全與徹底實行憲法之間徘徊。

張：那麼臺灣實行民主化，是起步太晚，起步之後又跑得太快了。

丘：早就應該變革了。

臺灣人不相信「一國兩制」

張：香港的一九九七問題，對臺灣有很大影響，國民黨要不要想出相應的對策呢？

丘：當然需要，不過臺灣的政治結構，以前受到戒嚴的影響，現在要把它轉過來不容易。跟中共的關係變化也是一樣。

但中共在香港這樣搞，任何攻勢都對臺灣沒有用。甚麼高度自治，可是基本法這樣的討論程序，又怎樣令臺灣人有信心？基本法起草委員的產生方式，也是臺灣人沒有想像到的，以爲是全香港的人選舉出來嘛，然後香港人自己討論、香港人全民投票通過，這才叫高度自治！

張：太理想了！我們原本的要求也沒有這麼高。

丘：應該這樣子纔能向臺灣統戰嘛。結果基本法起草委員裏面香港人還不够一半，中共完全可以控制。中共還反對直選！又反對組黨！還算甚麼民主？現在中共講甚麼，臺灣也沒有人相信。

張：那麼，中共想向臺灣推銷「一國兩制」的美夢就完全破產了。

丘：基本法還沒搞出來就破產了。

張：統一還是漫漫長路。臺灣的政治革新雖然引起更多人關心臺灣前途，可是長遠的出路如何，還是未知之數。謝謝您接受訪問！

（原載香港百姓月刊第一五一期）

展望國是會議的功能和效益

（《自由時報》記者劉篤高專訪）國是會議將於七月間召開，由於國人對它的熱切期盼，因此會議的成敗也就成爲國人期盼的焦點。國是會議未來究竟將有多大成就？被國人視之爲大老級，德望俱崇的陶百川先生對會議的前景，表示相當的樂觀，但是，他也對未來會議中可能出現的情況表示了他一己的隱憂，如果撇開了憲法的根本，而主張在現行的憲法之外，另行訂定「基本法」，則問題可就嚴重了。陶百川先生特別提醒：訂定基本法如祇是紙上談兵，其事不難，但是其嚴重的後果卻絕對不能忽視。這項「政治工程」的艱巨，將遠大於小幅度的修憲。

陶先生指出：如以國是會議的兩大主題來作文章，可以做得四平八穩，尤其就「憲政體制」這個主題而論，會議雖然還沒有召開，但大體上的共識似乎已經在實質上存在了。

陶百川說：國人目前所重視的是：我國將來究竟應該實行總統制？還是內閣制？陶先生認爲：在我國目前的政治現實中，如果一意堅持要實行那種制度，也未必能完全獲得一致的認同，因爲就兩種制度而言，很難言其絕對的優劣，問題仍在於「人」的執行。因此，陶先生認爲：祇需兩位李先生（指李總統登輝跟李煥院長而言）能夠和諧相處，互相尊重，在國家政務的推動上就成功了大半，反之，兩李之間相處不睦，則任何制度均有瑕疵，國家大政的推行就難免會事倍功半。所以他特別期望「兩李」今後之開誠布公，大度包容，彼此間保持密切的聯繫與高度的尊重，未來實大有可爲。

陶先生強調：到目前爲止有兩項共識在知識分子及政治人士之間，可能達成：一是終止「動員戡亂時期」；一是「廢止臨時條款」，由於上述兩項共識的達成，因此「動員戡亂時期」終止之後，則「臨時條款」自然失效，臨時條款失效之後，就必須回歸憲法。一切以憲法爲依歸之後，行總統制與內閣制的體制爭執，就不那麼重要了。

他表示：依據現行憲法的規定，第四章（總統章）中明定總統共擁有八種權力，但是這八種權力並不是可以任意自由行使的，一切都得依法爲之，是以總統固然有權但也同時有責（責任）。而且依據憲法相關條文的規定，立法院、監察院、大法官均對總統的權力有適當的牽制作用，憲法上總統的權力並非是無限大。而我國總統所以擁有極大的權力，是因爲「臨時條款」的授權之故。將來，臨時條款廢止之後，總統權力就有其限度了。

陶先生也特別指出：我國總統的大權力來源有二：一是前述的臨時條款的授權，另一是總統兼任執政黨主席。由於國民黨多年來是執政黨，同時又以黨領政，所以得自黨的決定也增強了總統的權力，將來國民黨主席是否仍由總統兼任的問題，是國民黨的家務事，但是，臨時條款廢止後，總統的權力就受到憲法的完全限制了！而且，就我國憲法的實質而論，並非全然的總統制，也非全然的內閣制。總統有權也有責，同樣的，行政院長有責也有權，兩者相互制衡，是以國家元首跟行政首長之間，各有相當的權力，也各有相當的責任，依法律的分際言，應不會摩擦，而其所以會發生摩擦也者，關鍵仍在於人。陶百川先生呼籲「兩李」間大度包容，相忍爲國，其故在此。

陶先生特別指出：美國總統制的特色係三權分立，非總統一人獨大，而祇能說是總統的權力較強而已，英國內閣制的特色是「三權不清」（首相出自國會，立法、行政權混淆不清），國王虛位，結果形成國會獨大，國會萬能，對我國來說是否值得仿效，似也值得疑問。我國五權憲法制，五權分立，總統在名義上比較高，實際上權力也受到限制，所以談未來總統與內閣的權能，回歸憲法以後，應該不會有太大的爭議，問題不致嚴重。倒是值得重視的，如果國是會議中有人會舍而不從，改而主張凍結現行憲法，另訂「基本法」，問題可就大了。訂定基本法有甚麼好處？由甚麼人制訂？其中跟中國大陸的關係將如何訂定？許許多多的問題可能會形成「治絲益棼」，這才是嚴重問題，在國是會議尚未召開之前，值得國人深思。

七十九年四月八日

兩個議題一樣心態

我在參加國是會議第二次籌備會議時，就兩個議題發表拙見。就其中第四個主題：「憲法（含臨時條款）之修改問題」，我指出，我了解黃委員等建議要在「修改」之後增加「憲政改革」的用意，可能是有人要提議制訂新憲法，那就不是修憲問題所能包括，所以認爲原文足以杜塞制憲之路。康委員也認爲如果限於修憲，範圍稍狹，提議在「修改」之後增加「有關」二字。我認爲他們兩人的顧慮都言之成理，但我猜想秘書處並無限制制憲之意，則何不加以修正。我乃附和康委員的修正提議，在「修改」後增加「有關」二字。

我頗有感慨地說，國是會議是要集思廣益，則須能夠表達各種想法，照顧各種利益。憲法是國家的根本大法，修憲是爲挽救憲政危機，不應杜塞各方的建議。我不贊成現在制訂新憲法，當然更不贊成基本法，但我卻支持國是會議代表可以提議和討論制憲或訂基本法，我願爲這個權利而發言和奮鬥。

後來會議通過修正動議，在原案中增加「有關」字樣，而成爲「憲法（含臨時條款）修訂方式之有關問題」。

此外，在討論「國是會議出席人如何推薦如何遴定」一案時，我本着討論前案的同樣心態，提出左列建議：

一、人數增爲一百五十名，寧多勿缺。原擬一百二十名似嫌太少，將來考慮人選時就會有太少的感覺了。

二、產生方法：現任籌備委員二十五人都續聘爲代表，每名並得提名二人，如此共計七十五人。其餘七十五人，以二十五名留供總統遴選，其餘五十名由籌備會組織七人的提名小組提出名單，由蔣召集人請示總統並提報籌備會議同意後報請總統遴聘。其間如有重複人選，由蔣召集人通知原提名人更換。

三、人選須包含：政府高層人員、民意代表、在野政黨、社會各界、專家學者，各應有象徵性的代表，以集思廣益，照顧不同利益，並杜悠悠之口。

我在上文已經點到，我就兩案的兩次發言，都是本着同一心態，那就是開放和民主——爲民主而開放，以達成開放的民主和民主的開放。

七十九年四月二十七日

從國是會議看憲政改革

《聯合報》的記載

受李總統遴定籌備國是會議的陶百川等六位籌備委員，昨天在一項有關國是會議和憲政體制改革的研討會中，認爲終止動員戡亂時期，廢除臨時條款已爲大勢所趨。但是對我國未來憲政改革應朝修憲或另訂相關法律的途徑見解互異。

張榮發基金會所屬的國家政策研究中心，昨天邀請國是會議籌備委員陶百川、胡佛、呂亞力、康寧祥、黃石城、吳豐山等六人，與張瑞猛、許宗力、朱雲漢、莊碩漢等多位學者，就國是會主要議題架構進行討論。

國策顧問陶百川和臺大教授胡佛、呂亞力在會中認爲，終止動員戡亂時期、廢止臨時條款是憲政改革的必然走向。陶百川指出，目前政府既未動員也沒戡亂，動員戡亂時期必須停止，而臨時條款用了許多特別法扭曲了憲政法制，回歸憲政修訂憲法可對外形成號召，並促動海峽兩岸和平共存。

在修憲問題上，陶百川主張維持憲法再加上增修條文，他認爲我們的憲法原來就不差，未來修訂不可倚賴國大，可行方式之一是八十四位增額國代全體辭職，舉辦第二屆國大代表的選舉，選出三百位國代進行修憲。

《自立早報》的記載

國是會議籌備委員陶百川表示，當年他曾參與制憲會議，雖然未全心介入，但了解其間過程。今天總統制、內閣制未能釐清，主要還是「人」的因素，至於名詞並不重要。陶百川主張政治體制應朝五權憲法方向定位，至於有人批評總統「有權無責」並非實情，其實總統的八種權力在憲法中都有條文限制，祇是未被注意，今天所以有「獨裁」和「強人」的隱憂，就是脫離了法而遷就人的結果。

《青年日報》的記載

陶百川則認爲，我國的憲法「不錯」，祇要「回歸憲法」即可，至於不適用的地方，可在廢止臨時條款之後，制訂「中華民國憲法增修條文」，與原條文併列，至於修訂程序，則應等到民國八十一年選出第二屆國大代表進行修改，或者是採取較「霸道」的方式，立即要求八十四位增額國代全部解職，總統則根據臨時條款舉辦選舉，進行改選，然後再修訂憲法條文。

《中央日報》的記載

陶百川（總統府國策顧問）：對於我國政治體制是總統制，還是內閣制的問題，相當複雜。我們必須要就實際情況好好的考慮這個問題，而不要做名詞之爭，實際上，我們現行的五權憲法已相當不錯，祇可惜臨時條款把五權憲法的精神扭曲了。爲了能夠回歸憲法，我們應該停止動員戡亂時期而廢止臨時條款。

在廢除臨時條款後，可能有些問題無法在現行的憲法中去解決；則我們可以依照美國的方式，制訂「中華民國憲法增修條文」和「憲法」並列，以補「憲法」之不足。

我個人認爲應該在民國八十一年舉辦第二屆國民大會選舉，由這些具有民意基礎的國代去修憲較爲妥當；倘若等不急，則可採另一種方式，即是重新辦理增額國代選舉，提高增額國代人數，同時強迫資深國代限期退職，如此便使新的國民大會具有更多的民意，而由這些人修憲，較能符合民意。

七十九年二月

陶百川全集

一 開宗明義 橫看側看
二 爲自由呼號
三 爲民主呼號
四 爲法治呼號
五 爲人權呼號
六 爲洗冤白謗呼號
七 爲改革開放呼號
八 爲造勢圖強呼號
九 爲公義私德呼號
一〇 爲端正政風呼號
一一 爲整肅官箴呼號
一二 爲過制圖利呼號
一三 爲溝通安和呼號
一四 爲兩岸共存呼號
一五 爲三聯統一呼號
一六 臺灣還能更好麼
一七 走向天堂也向地獄
一八 政治緊箍咒與安全瓣
一九 政治十字架
二〇 臺灣經驗源頭活水
二一 臺灣經驗他山之石
二二 臺灣經驗統一大道
二三 臺灣經驗和平演變
二四 訪美觀感
二五 探索美國對華政策
二六 天下大勢冷戰低盪
二七 中國勞動法先聲
二八 三民主義與共產主義
二九 比較監察制度
三〇 監察的新經驗新發展
三一 困勉強猖八十年

百川匯海